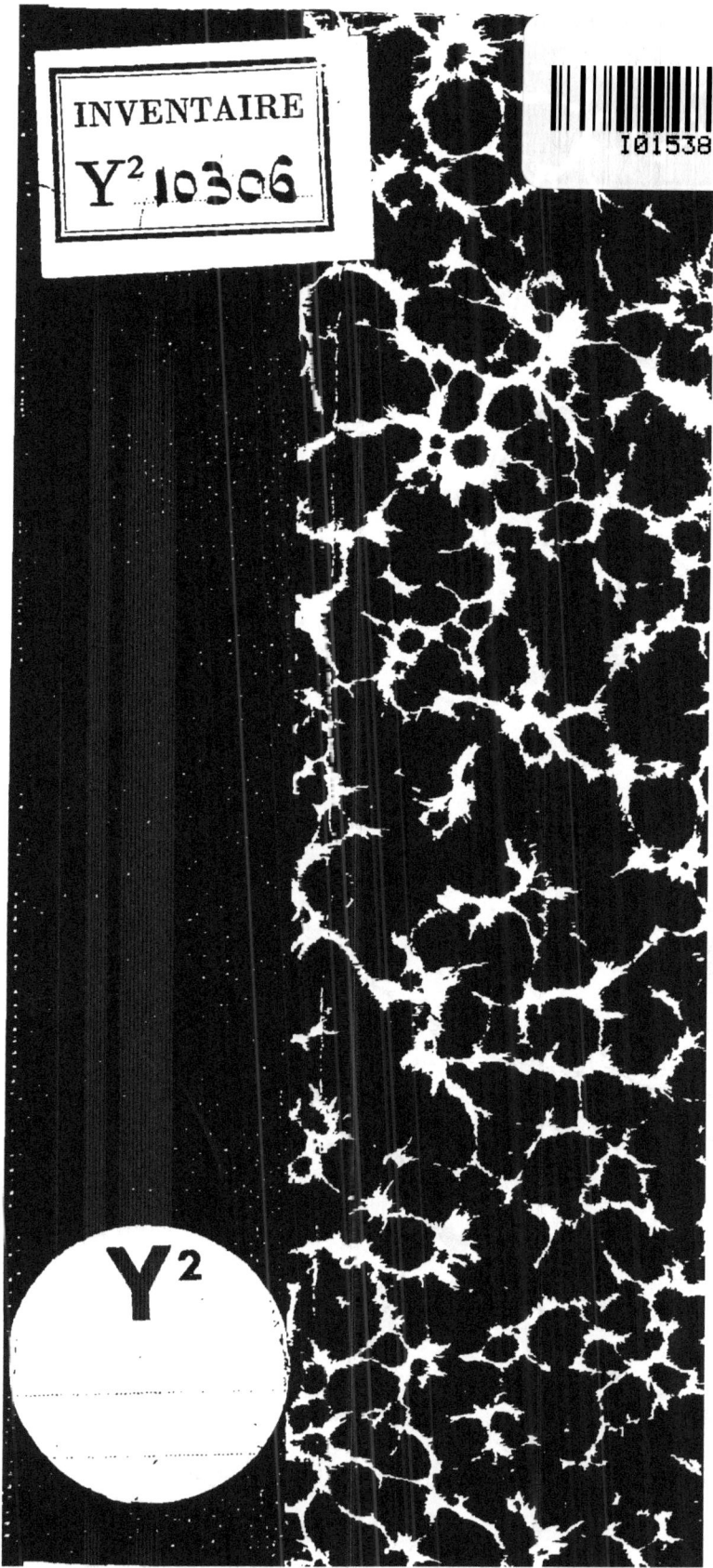

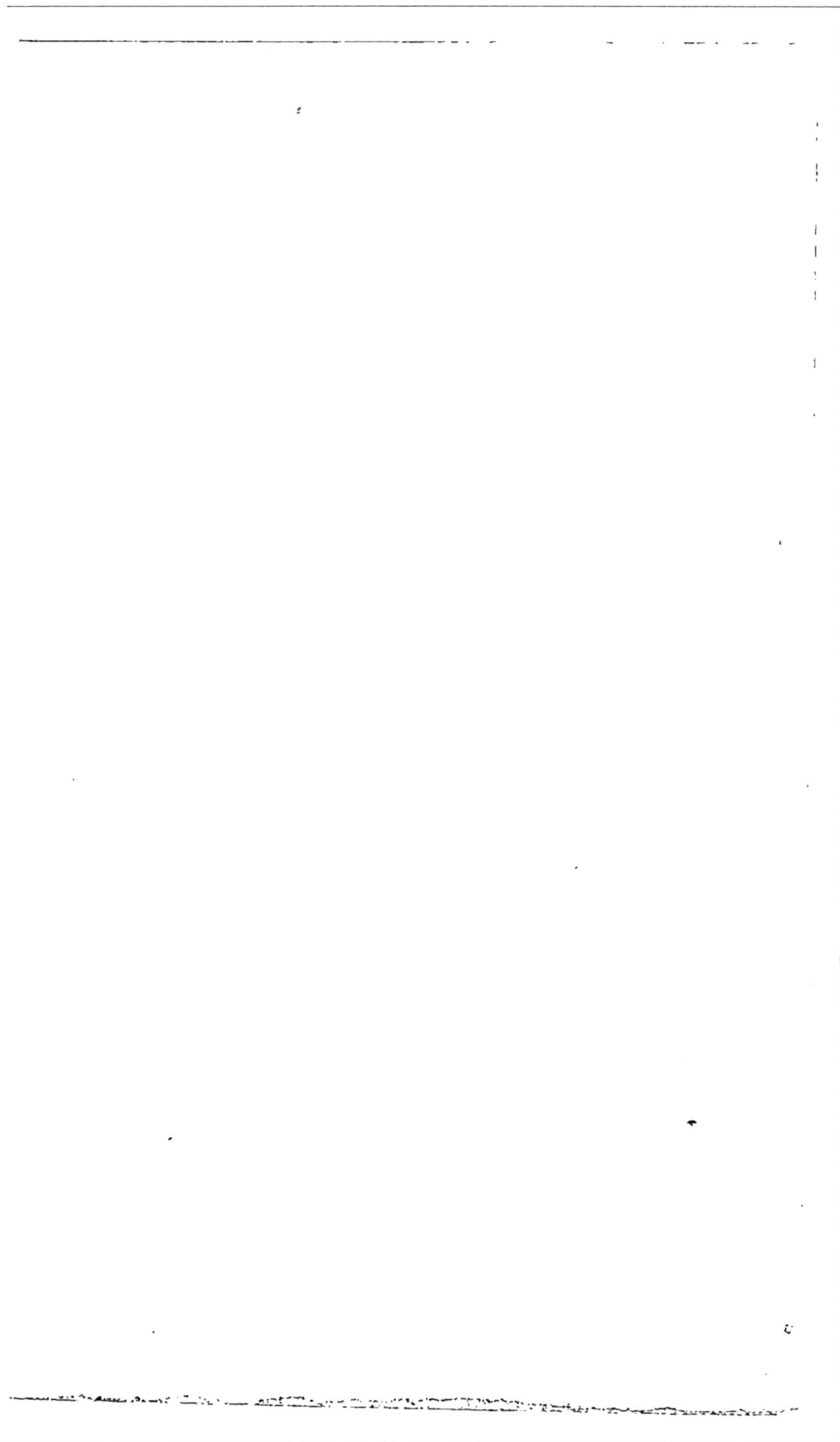

TS ET PROUESSES

ÉPOUVANTABLES

DE

PANTAGRUEL

FILS DE GARGANTUA

ET ROI DES DISPODES

PAR

MAITRE FRANÇOIS RABELAIS

NOUVELLE ÉDITION

MISE A LA PORTÉE DE TOUT LE MONDE

AVEC GRAVURES

PARIS

RENAULT ET Cⁱᵉ, LIBRAIRES-ÉDITEURS

48, RUE D'ULM, 48

—

1865

FAITS ET DITS

DE

PANTAGRUEL

FILS DE GARGANTUA.

Paris. — Imp. de Ad. Lainé et J. Havard, rue des Saints-Pères, 19.

FAITS ET PROUESSES

ÉPOUVANTABLES

DE

PANTAGRUEL

FILS DE GARGANTUA
ET ROI DES DIPSODES

PAR

MAITRE FRANÇOIS RABELAIS

NOUVELLE ÉDITION

MISE A LA PORTÉE DE TOUT LE MONDE

AVEC GRAVURES

PARIS

RENAULT ET Cⁱᵉ, LIBRAIRES-ÉDITEURS

48, RUE D'ULM, 48

1865

FAITS ET DITS

DE

PANTAGRUEL

FILS DE GARGANTUA.

CHAPITRE Ier.

De l'origine en antiquité du grand Pantagruel.

Ce ne sera pas une chose inutile ni oisive que de vous raconter, pendant que nous nous reposons, la première source et origine d'où nous est né le bon Pantagruel. Car je vois que tous les bons historiographes ont traité ainsi leurs chroniques, non-seulement les Arabes barbares, les Latins ethniques (1), les Grecs gentils (2) qui furent buveurs éternels, mais aussi les auteurs de la sainte Écriture, comme monseigneur saint Luc mêmement, et saint Matthieu. Il vous convient donc de noter qu'au commencement

(1) Païens.
(2) *Id*.

du monde (je parle de loin, il y a plus de quarante quarantaines de nuits, pour compter à la manière des anciens Druides), peu après qu'Abel fut occis par Caïn, son frère, la terre imbue du sang du juste fut si fertile, pendant une certaine année, en toutes espèces de fruits qui sont produits de ses flancs et particulièrement en mêles (1), qu'on l'appela de toute mémoire l'année des grosses mêles : car les trois suffisaient pour parfaire le boisseau. En cette année les calendes furent trouvées dans les bréviaires des Grecs : le mois de mars tomba en carême et la mi-août fut en mai. Au mois d'octobre, ce me semble, ou bien de septembre (afin que je ne me trompe, car de cela je me veux curieusement garder), fut la semaine tant renommée dans les annales, qu'on nomme la semaine des Trois-Jeudis : car il y en eut trois à cause des irrégularités bissextiles, que le soleil broncha quelque peu comme *debitoribus* (2) à gauche, et la lune varia de son cours de plus de cinq toises, et le mouvement de trépidation au firmament dit *Aplane* fut manifestement vu : tellement que la Pléiade moyenne, laissant ses compagnes, déclina vers l'équinoxial : et l'étoile nommée l'Épi laissa la Vierge, se retirant vers la Balance : qui sont des cas épouvantables et matières tellement dures et difficiles que les astrologues n'y peuvent mordre.

(1) Nèfles, du grec *maspilon*. En Bourbonnais on nomme encore mêles les nèfles.
(2) Comme les débiteurs à l'aspect d'un créancier.

Aussi auraient-ils les dents bien longues, s'ils pouvaient toucher jusque-là.

Faites votre compte que le monde mangeait volontiers desdites mêles; car elles étaient belles à l'œil et délicieuses au goût. Mais, de même que Noé, le saint homme (auquel nous sommes tant obligés et tenus de ce qu'il a planté la vigne d'où nous vient cette nectarique, délicieuse, précieuse, céleste, joyeuse, déifique liqueur, qu'on nomme *le piot*), fut trompé en le buvant, car il ignorait sa grande vertu et puissance; de même, dis-je, les hommes et les femmes de ce temps mangeaient avec grand plaisir de ce beau et gros fruit. Mais des accidents bien divers leur advinrent : car à tous leur survint une enflure bien horrible; mais pas à tous dans le même endroit. Car quelques-uns enflaient par le ventre, et le ventre leur devenait bossu comme une grosse tonne; desquels est écrit : *Ventrem omnipotentem :* lesquels furent tous gens de bien et bons raillards. Et de cette race naquit Saint-Pansart et Mardi-gras. Les autres enflaient par les épaules et étaient tellement bossus qu'on les appelait Montifères, comme porte-montagnes, dont vous en voyez encore par le monde en divers sexes et dignités. Et de cette race sortit Ésope, duquel vous avez les beaux faits et dits par écrit. D'autres croissaient en longueur par les jambes, et vous eussiez dit que c'étaient des grues, des flamants ou des gens marchant sur des échasses.

Et les petits grimauds les appellent en grammaire
Iambus (1).

Aux autres le nez croissait tellement qu'il ressemblait à la flûte d'un alambic, tout diapré, tout
étincelé de bubelettes (2), pullulant (3), pourpré,
tout émaillé de pompettes (4), tout boutonné et
brodé de gueules (5). Tels vous avez vu le chanoine
Panzoult, et Piedebois, médecin d'Angers : de cette
race peu aimèrent la tisane, mais tous furent amateurs de la purée septembrale (6). Nason et Ovide
en prirent leur origine. Desquels est écrit *Ne remi-
niscaris* (7). Autres croissaient par les oreilles, qu'ils
avaient si grandes, que de l'une ils faisaient le pourpoint, les chausses et le sayon : de l'autre ils se
couvraient comme d'une cape à l'espagnole. Et l'on
dit qu'en Bourbonnais la race dure encore, qui sont
appelées oreilles de Bourbonnais. Les autres croissaient en longueur du corps : et de là sont venus les
géants, et par eux Pantagruel.

Et le premier fut Chalbroth,
Qui fut père de Farybroth,

(1) Jeu de mots sur les ïambes et les jambes. Le J et l'I s'employaient
indifféremment l'un pour l'autre.

(2) Espèces de petites pustules rouges comme on en voit sur le nez des
ivrognes.

(3) Où il pousse des bourgeons.

(4) Comme à la note 2.

(5) Rouge, terme de blason.

(6) Le vin. Les vendanges étant faites en septembre.

(7) Tu ne te souviendras pas.

Qui fut père de Hurtaly, qui fut beau mangeur de soupes et régna au temps du déluge,

Qui fut père de Nembroth,

Qui fut père d'Atlas, qui avec ses épaules garda le ciel de tomber,

Qui fut père de Goliath,

Qui fut père d'Erix, qui inventa le jeu de gobelets,

Qui fut père de Titye,

Qui fut père d'Eryon,

Qui fut père de Polyphème,

Qui fut père de Cace,

Qui fut père d'Etion, qui le premier fut malade pour n'avoir pas bu frais en été, ainsi que le témoigne Bartachin,

Qui fut père d'Encelade,

Qui fut père de Cée,

Qui fut père de Typhoé,

Qui fut père d'Aloé,

Qui fut père d'Othe,

Qui fut père d'Ægeon,

Qui fut père de Briarée qui avait cent mains,

Qui fut père de Porphyrio,

Qui fut père d'Adamastor,

Qui fut père d'Anthée,

Qui fut père d'Agatho,

Qui fut père de Porrhus, contre lequel batailla Alexandre le Grand,

Qui fut père d'Aranthas,

Qui fut père de Gabbara, qui le premier inventa de boire d'autant,

Qui fut père de Goliath de Secundille,

Qui fut père d'Offot, lequel eut terriblement beau nez à boire au baril,

Qui fut père d'Artachées,

Qui fut père d'Oromédon,

Qui fut père de Gemmagog, qui fut inventeur des souliers à poulaine,

Qui fut père de Sisyphe,

Qui fut père des Titans, dont naquit Hercules,

Qui fut père d'Enay, qui fut très-expert en matière d'ôter les cirons (1) des mains,

Qui fut père de Fier-à-bras, qui fut vaincu par Olivier, pair de France, compagnon de Roland,

Qui fut père de Morgan, qui, le premier de ce monde, joua aux dés avec des besicles,

Qui fut père de Fracassus, sur lequel a écrit Merlin Coccaie,

Dont naquit Ferragus,

Qui fut père de Happemouches, qui, le premier, inventa de fumer les langues de bœuf à la cheminée, car auparavant on les salait comme on fait pour les jambons,

Qui fut père de Bolivorax,

Qui fut père de Longis,

Qui fut père de Gayoffe,

Qui fut père de Machefaim,

(1) Petites ampoules.

Qui fut père de Brulefer,

Qui fut père d'Engoulevent,

Qui fut père de Galehaut, qui fut l'inventeur des flacons,

Qui fut père de Mirelangaut,

Qui fut père de Galafre,

Qui fut père de Falourdin,

Qui fut père de Roboastre,

Qui fut père de Sortibrant de Conimbres,

Qui fut père de Bruyer, qui fut vaincu par Ogier le Danois, pair de France,

Qui fut père de Mabrun,

Qui fut père de Flancanon,

Qui fut père de Hacquelebac,

Qui fut père de Videgrain,

Qui fut père de Grandgousier,

Qui fut père de Gargantua,

Qui fut père de Pantagruel mon maître.

J'entends bien qu'en lisant ces passages vous émettez un doute raisonnable, et demandez comme il est possible qu'il en soit ainsi, puisqu'au temps du déluge tout le monde périt, excepté Noé et sept personnes avec lui dans l'arche, au nombre desquels n'est pas mentionné ledit Hurtaly? La demande est bien faite, sans doute, et bien apparente, mais la réponse vous contentera ou j'ai le sens mal galefreté (1). Et parce que je n'existais pas en ce temps-là pour vous en parler à mon plaisir, je vous alléguerai

(1) Goudronné.

l'autorité des écrivains hébraïques, qui affirment que véritablement ledit Hurtaly n'était pas dans l'arche de Noé : aussi n'y eût-il pu entrer, car il était trop grand : mais il était dessus à cheval, jambe de çà, jambe de là, comme sont les petits enfants sur les chevaux de bois, et comme le gros taureau de Berne qui fut tué à Marignan, chevauchait pour sa monture un gros canon pierrier : c'est une bête de beau et joyeux amble, sans aucun défaut. De cette façon, après Dieu ce fut lui qui sauva ladite arche de péril ; car il lui donnait le branle avec les jambes, et du pied la tournait où il voulait, comme on fait du gouvernail d'un navire. Ceux qui étaient à l'intérieur lui envoyaient des vivres par une cheminée, en quantité suffisante, comme gens reconnaissant le bien qu'il leur faisait. Et quelquefois ils parlementaient ensemble comme faisait Icaromenippe avec Jupiter, ainsi que le rapporte Lucien. Avez-vous bien tout compris? buvez donc un bon coup sans eau. Car si vous ne le croyez, je n'en fais pas autant.

CHAPITRE II.

De la nativité du très-redouté Pantagruel.

Gargantua à l'âge de quatre cent quatre-vingt quarante et quatre ans eut son fils Pantagruel de sa femme Badebec, fille du roi des Amaurotes (1) en Utopie (2) qui mourut en lui donnant le jour, car il était si merveilleusement grand qu'il ne put naître sans suffoquer sa mère. Mais pour comprendre parfaitement la cause et la raison de son nom, qui lui fut donné en baptême, vous noterez qu'en cette année il fit une sécheresse tellement grande dans tout le pays d'Afrique, que les habitants passèrent trente-six mois trois semaines quatre jours seize heures et quelque peu davantage, sans pluie, avec une chaleur de soleil si véhémente que toute la terre en était aride.

Elle ne fut, au temps d'Hélie, plus échauffée qu'alors. Car il n'y avait arbre sur terre qui eût feuille ou fleur : les herbes étaient sans verdure, les rivières taries, les fontaines à sec, les pauvres poissons délaissés de leur élément, voguant et criant par la terre horriblement, les oiseaux tombant de l'air faute de rosée : l'on trouvait par les champs les loups, les renards, cerfs, sangliers, daims, lièvres, lapins, belettes, fouines, blaireaux et autres bêtes, mortes la gueule béante.

A l'égard des hommes, c'était une grande pitié : vous les eussiez vus tirant la langue comme lévriers ayant couru six heures, plusieurs se jetaient dans les puits.

(1) Inconnus.
(2) Pays imaginaire. Littéralement les gens inconnus d'un pays imaginaire.

1.

Toute la contrée était à l'ancre ; c'était pitoyable de voir le travail des humains, pour se garantir de cette horrifique altération. Car il y avait prou à faire de sauver l'eau bénite des églises pour qu'elle ne fût pas volée. Oh ! combien fut heureux, cette année, celui qui avait une cave fraîche et bien garnie ! Le philosophe raconte, en mouvant la question pourquoi l'eau de mer est salée, qu'au temps où Phébus donna le gouvernement de son chariot lucifique à Phaéton, le dit Phaéton, mal appris en l'art, et ne sachant suivre la ligne écliptique entre les deux tropiques de la sphère du soleil, varia de son chemin, et approcha tellement de la terre, qu'il mit à sec toutes les contrées subjacentes, brûlant une grande partie du ciel, que les philosophes appellent *via lactea ;* quoique les plus huppés poëtes disent que c'est la partie du ciel où tomba le lait de Junon, lorsqu'elle allaita Hercules. Alors la terre fut tellement échauffée, qu'il lui vint une sueur énorme, dont elle sua toute la mer qui, pour cette raison, est salée, car toute sueur est salée. Ce que vous reconnaîtrez être vrai si vous voulez tâter de la vôtre propre ou bien de celle de votre voisin, ce qui m'est parfaitement égal.

Quasi pareil cas arriva en cette dite année : car un jour de vendredi, que tout le monde s'était mis en dévotion et faisait une belle procession avec force litanies, suppliant le Dieu tout puissant de les vouloir bien regarder de son œil de clémence dans un tel malheur, l'on vit parfaitement sortir de terre de grosses gouttes d'eau, comme quand quelque personne sue copieusement. Et le pauvre peuple commença à se réjouir comme si c'eût été une chose à lui profitable : car quelques-uns disaient qu'il n'y avait aucune goutte de vapeur dans l'air, dont on espérât avoir pluie et que la terre y suppléait. Les autres gens savants disaient que c'était une pluie des antipodes : comme Sénèque narre au quatrième livre *Quæstionum naturalium*, parlant de l'origine et source du Nil. Mais ils y furent trompés; car, la procession finie, alors que chacun voulait recueillir de cette rosée et en boire à plein godet, ils trouvèrent que ce n'était que saumure pire et plus salée que n'était l'eau de la mer. Et parce qu'en propre jour naquit Pantagruel, son père lui imposa un tel nom; car *Panta*, en grec, vaut autant à dire comme tout, et *Gruel*, en langue arabe, vaut autant comme altéré. Voulant inférer qu'à l'heure de sa nativité le monde était tout altéré, et voyant en esprit de prophétie qu'il serait quelque jour le dominateur des altérés : il vint au monde velu comme un ours, dont une des matrones dit en matière de prédiction : « Il est né velu, il fera des choses merveilleuses, et s'il vit il aura de l'âge. »

CHAPITRE III.

Du deuil que mena Gargantua de sa femme Badebec.

Quand Pantagruel fut né, qui fut ébahi et bien perplexe, ce fut Gargantua son père; car voyant d'un côté sa femme Badebec morte, et de l'autre son fils Pantagruel né, si beau et si grand, il ne savait que faire. Et le doute qui troublait son entendement était, à savoir s'il devait pleurer pour le deuil de sa femme, ou rire pour la joie de son fils. D'un côté et d'autre il avait des arguments philosophiques qui le suffoquaient; car il les faisait très bien *in modo et figurá*, mais il ne les pouvait résoudre, Et par ce moyen il demeurait empêtré comme la souris dans la poix ou un milan pris au lacet.

« Pleurerai-je? disait-il, oui : car, pourquoi? Ma tant bonne femme est morte, qui était la plus ceci, la plus cela qui fut au monde. Jamais je ne la verrai, jamais je n'en retrouverai une pareille, ce m'est une perte inestimable? O mon Dieu, que t'avais-je fait pour me punir ainsi? Que ne m'envoyais-tu la mort à moi plutôt qu'à elle? Car vivre sans elle ne m'est que languir. Ha, Badebec, ma mie, ma mignonne, ma tendrette, jamais je ne te verrai. Ha, pauvre Pantagruel, tu as perdu ta bonne mère, ta douce nourrice, ta dame très-aimée. Ha, fausse mort, tant tu m'es

malivole (1) , tant tu m'es outrageuse de m'enlever
celle à qui l'immortalité revenait de droit.» Et ce disant, il pleurait comme une vache, mais tout soudain
il riait comme un veau, quand Pantagruel lui revenait en mémoire. « Ha, mon petit fils, disait-il, mon
peton, que tu es joli, que tu es gentil! Que je suis
reconnaissant à Dieu qui m'a donné un si beau fils,
tant joyeux, tant grand, tant joli. Ho, ho, ho, que
je suis aise! Buvons, ho, laissons toute mélancolie;
apporte du meilleur, rince les verres, boute la
nappe, chasse ces chiens, souffle le feu, allume cette
chandelle, ferme cette porte, taille ces soupes, envoie ces pauvres, donne-leur ce qu'ils demandent,
ôte-moi ma robe que je me mette en pourpoint pour
mieux festoyer. »

Ce disant, il ouït les litanies des prêtres qui portaient sa femme en terre; il laissa son bon propos
et tout soudain fut ravi ailleurs, disant : « Seigneur
Dieu, faut-il que je me contriste encore? Cela me
fâche : je ne suis plus jeune, je deviens vieux, le
temps est dangereux, je pourrai prendre quelque
fièvre, me voilà affolé. Foi de gentilhomme, il vaut
mieux pleurer moins et boire davantage. Ma femme
est morte, eh bien! je ne la ressusciterai pas par mes
pleurs; elle est bien, elle est en Paradis pour le
moins, si mieux elle n'est : elle prie Dieu pour
nous, elle est bien heureuse, elle ne se soucie plus
de nos misères et calamités. Autant nous en pend à

_____
(1) Malveillante, du latin *Malevolus*.

l'œil. Mais voici ce que vous ferez, dit-il aux sages-
femmes (où sont-elles? bonnes gens, je ne vous peux
voir), allez à son enterrement et pendant ce temps-là
je bercerai mon fils ici, car je me sens bien fort altéré et je serais en danger de tomber malade. Mais
buvez quelque bon trait avant; car vous vous en
trouverez bien, croyez m'en sur mon honneur. »

A quoi obtempérant, elles allèrent à l'enterrement
et funérailles, et le pauvre Gargantua demeura à
l'hôtel.

CHAPITRE IV.

De l'enfance de Pantagruel.

Je trouve chez les anciens historiographes et
poëtes, que plusieurs personnes sont nées en ce
monde de façons bien étranges qui seraient trop
longues à raconter : lisez le septième livre de Pline,
si vous avez le temps. Mais vous n'en ouïtes jamais
d'une si merveilleuse comme fut celle de Pantagruel : car c'était chose difficile à croire, comment
il crût en corps et en force en peu de temps. Et
Hercules n'était rien lorsque étant au berceau il tua
les deux serpents : car lesdits serpents étaient bien
petits et bien fragiles. Mais Pantagruel étant au berceau fit des choses bien épouvantables. Je laisse
ici à dire comment à chacun de ses repas il humait

le lait de quatre mille six cents vaches. Et comment pour faire un poëlon à cuire sa bouillie, furent occupés tous les poëliers de Saumur en Anjou, de Villedieu en Normandie, de Bramont en Lorraine; et on lui donnait ladite bouillie dans un grand timbre qui à présent est encore à Bourges, près du palais; mais ses dents étaient tellement grandes qu'il rompit un grand morceau dudit timbre, comme cela apparaît très-bien.

Certain jour, vers le matin, qu'on voulait le faire teter une de ses vaches (car il n'eut jamais d'autres nourrices à ce que dit l'histoire), il défit un de ses bras des liens qui le retenaient au berceau et prit ladite vache par-dessous le jarret, et lui mangea les deux tétins et la moitié du ventre, avec le foie et les rognons; et l'eût toute dévorée, n'eût été qu'elle criait horriblement comme si les loups la tenaient aux jambes, auquel cri tout le monde arriva et on enleva ladite vache à Pantagruel. Mais ils ne surent si bien faire que le jarret ne lui demeurât comme il le tenait, et le mangeait très-bien, comme vous feriez d'une saucisse, et quand on voulut lui ôter l'os, il l'avala bientôt comme un cormoran un petit poisson, et après il commença à dire « Bon, bon, bon, » car il ne savait encore bien parler : voulant donner à entendre qu'il l'avait trouvé fort bon; et qu'il n'en fallait plus qu'autant. Ce que voyant ceux qui le servaient le lièrent avec de gros câbles comme sont ceux que l'on fait à Tain pour le voyage du sel à Lyon ; ou comme sont ceux du grand navire français qui est au port de Grâce, en Normandie. Mais une fois que s'échappa un grand ours que son père nourrissait, et lui venait lécher le visage, car les nourrices ne lui avaient bien à point torché les babines, il se défit desdits câbles aussi facilement que Samson d'entre les mains des Philistins, et vous prit Monsieur de l'Ours, et le mit en pièces comme un poulet, et vous en fit une bonne gorge chaude pour ce repas. Gargantua craignant qu'il ne se fît mal, fit faire quatre grosses chaînes de fer pour le lier, et placer des arcs-boutants à son berceau. Et de ces deux chaînes vous en avez une à la Rochelle, que l'on lève au soir entre les deux grosses tours du havre. L'autre est à Lyon. L'autre à Angers. Et la quatrième fut emportée par les diables pour lier Lucifer qui se déchaînait en ce temps-là, à cause d'une colique qui le tourmentait extraordinairement, pour avoir mangé en fricassée, à son déjeuner, l'âme d'un sergent. Et il demeura ainsi coi et pacifique : car il ne pouvait rompre facilement lesdites chaînes ; mêmement qu'il n'avait pas d'espace dans son berceau pour donner la secousse des bras. Mais voici ce qu'il arriva un jour de grande fête que son père donnait à tous les princes de sa cour. Tous les officiers étaient tellement occupés du festin, que l'on ne se souciait nullement du pauvre Pantagruel, et demeurait ainsi à *reculorum*. Que fit-il ? ce qu'il fit, mes bonnes gens ? Écoutez. Il essaya de rompre les chaînes du berceau avec les bras, mais il ne put, car elles étaient trop fortes. Alors il trépigna tellement des pieds qu'il rompit le bout de berceau, qui était d'une grosse poutre de sept empans en carré, et aussitôt qu'il eut mis les pieds dehors, il s'avala (1) le mieux qu'il put, en sorte qu'il toucha des pieds à terre. Et alors, avec grande puissance il se leva emportant son berceau ainsi lié sur l'échine, comme une tortue qui monte contre une muraille, et à le voir il semblait que ce fût une grande carraque de cinq cents tonneaux qui fût debout. En ce point, il entra dans la salle où l'on banquetait, si hardiment qu'il épouvanta l'assistance : mais, comme il avait les bras liés à l'intérieur, il ne pouvait rien prendre à manger : mais à grande peine s'inclinait pour prendre quelque lippée avec la langue. Ce que voyant, son père comprit bien qu'on l'avait laissé sans lui donner à manger, et commanda qu'il fût délié desdites chaînes, par le conseil des princes et seigneurs assistants de même que des médecins de Gargantua qui disaient que si on le tenait ainsi au berceau, il serait toute sa vie sujet à la gravelle. Lorsqu'on l'eût déchaîné, on le fit asseoir, il déjeuna fort bien; puis il mit son berceau en plus de cinq cent mille pièces d'un coup de poing qu'il frappa au milieu par dépit, avec protestation de n'y jamais retourner.

(1) Descendit.

CHAPITRE V.

Des faits du noble Pantagruel en son jeune âge.

Ainsi croissait Pantagruel de jour en jour et pro-
fitait à vue d'œil, dont son père se réjouissait par
affection naturelle. Il lui fit faire, comme il était
petit, une arbalète pour s'ébattre après les oisillons,
qu'on appelle à présent la grande arbalète de Chan-
telle. Puis il l'envoya à l'école pour apprendre et
passer son jeune âge. Il vint à Poitiers pour étudier
et profita beaucoup. Étant dans ce lieu, il vit que
les écoliers avaient beaucoup de loisirs ne sachant
à quoi passer leur temps ; il en eut compassion. Un
jour il prit après un grand rocher qu'on nomme
Passelourdin, une grosse roche ayant environ douze
toises en carré, et quatorze empans d'épaisseur, et
la mit sur quatre piliers au milieu d'un champ, bien
à son aise ; afin que les écoliers quand ils n'auraient
rien à faire, pussent passer leur temps à monter sur
cette pierre et là banqueter ou écrire leurs noms
avec un couteau, et à présent on l'appelle la Pierre-
Levée. Et en mémoire de cela personne n'est, encore
aujourd'hui, reçu en l'Université de Poitiers, sinon
qu'il ait bu à la fontaine Cabaline de Croustelles,
passé à Passelourdin, et monté sur la Pierre-Levée.

Et après, lisant les belles chroniques de ses ancêtres, il trouva que Geoffroy de Lusignan, dit Geof-

froy à la grand'dent, grand-père du beau cousin de
la sœur aînée de la tante du gendre de l'oncle de
la bru de sa belle-mère, était enterré à Maillezais;
il prit un jour *campos* pour le visiter comme homme
de bien. Et partant de Poitiers avec quelques-uns de
ses compagnons, ils passèrent par Legugé, visitant
le noble Ardillon; par Lusignan, par Sansay, par
Celles, par Collonges, par Fontenay-le-Comte, sa-
luant le docte Tiraqueau, et de là ils arrivèrent à
Maillezais, où il visita le tombeau du dit Geoffroy à
la grand'dent dont il eut quelque peu frayeur, voyant
sa portraiture; car il est représenté comme un
homme furieux tirant son grand glaive de sa gaîne.
Et demandant la raison de cela, il lui fut répondu
que les peintres et les poëtes ont la liberté de pein-
dre à leur plaisir ce qu'ils veulent. Mais il ne se con-
tenta pas de leur réponse, et dit : « Il n'est peint
ainsi sans cause; je me doute qu'à sa mort on lui a
fait quelque tort, duquel il demande vengeance à ses
parents. Je m'en enquerrai plus à point, et j'en ferai
ce que de raison. »

Puis il retourna, non à Poitiers, mais il voulut visiter les autres universités de France; à cet effet
il passa à la Rochelle, se mit sur mer et vint à Bordeaux, auquel lieu il ne trouva grand exercice sinon
des gabarriers jouant aux luettes (1) sur la grève.
De là il vint à Toulouse où il apprit fort bien à danser

_____

(1) Jeu de la fossette. Petit creux que les enfants font pour jouer aux
billes.

et à jouer de l'épée à deux mains, comme c'est l'usage des écoliers de celte université; mais il n'y demeura guère quand il vit qu'ils faisaient brûler leurs régents comme des harengs saurs disant: « A Dieu ne plaise que je meure ainsi, car je suis de ma nature assez altéré sans me chauffer davantage!»

Puis il vint à Montpellier où il trouva fort bons vins de Mireveaux et joyeuse compagnie, il pensa se mettre à étudier la médecine, mais il considéra que l'état était par trop fâcheux et mélancolique et que les médecins sentaient le clystère comme vieux diables. Alors il voulut étudier les lois, mais voyant qu'ils n'étaient là que trois teigneux et un pelé, il partit. En chemin il fit le pont du Gard et l'amphithéâtre de Nîmes en moins de trois heures, qui semble toutefois être un travail plus divin que humain. Et vint à Avignon, où il ne fut pas trois jours sans être amoureux, ce que voyant son pédagogue nommé Épistemon, l'en retira et le mena à Valence en Dauphiné, mais il vit qu'il n'y avait grand exercice et que les maroufles de la ville battaient les écoliers, dont il eut grand dépit; et un beau dimanche que tout le monde dansait publiquement, un écolier se voulut mettre à danser ce qui ne lui fut pas permis. Pantagruel voyant cela, leur donna à tous la chasse jusqu'au bord du Rhône où il les voulait faire noyer, mais ils se cachèrent sous terre, comme les taupes, une bonne demi-lieue sous le Rhône. Le trou y apparaît encore. Après il partit, et en trois pas et un saut il vint à Angers où il se trouvait fort bien, et y eût demeuré quelque temps si la peste ne l'en eût chassé.

Alors il vint à Bourges où il étudia longtemps et profita beaucoup en la faculté des lois. Partant de Bourges, il vint à Orléans, et là il trouva beaucoup d'écoliers, qui lui firent grande fête à son arrivée, et en peu de temps il apprit à jouer à la paume, si bien qu'il en était maître. Car les étudiants de ce lieu en font bel exercice.

A l'égard de se rompre la tête à étudier, il ne le faisait pas, de peur que la vue ne lui diminuât, surtout qu'un des régents répétait souvent dans ses lectures qu'il n'y a chose aussi contraire à la vue, comme l'est la maladie des yeux.

CHAPITRE VI.

Comment Pantagruel rencontra un Limousin qui contrefaisait le langage français.

Quelque jour, je ne sais quand, Pantagruel se promenait après souper avec ses compagnons, du côté de la porte de Paris ; là il rencontra un écolier tout joliet qui venait par ce chemin : et après qu'ils se furent salués, il lui demanda : « Mon ami, d'où viens-tu à cette heure? — L'écolier lui répondit : « De l'alme, inclyte et célèbre académie, que l'on vocite Lutèce. — Qu'est-ce à dire ? dit Pantagruel à un de ses gens ? — C'est, répondit-il de Paris. — Tu viens donc de Paris ? dit-il. Et à quoi passez-vous le temps, messieurs les étudiants, au dit Paris ? — L'écolier répondit : Nous transfretons la Sequane au diluculé et crépuscule ; nous déambulons par les compites et quadrivies de l'urbe ; nous dépumons la verbocination latiale ; nous cauponizons aux tavernes méritoires de la Pomme-du-Pin, du Castel, de la Madeleine et de la Mule. Et si par fortune il y a pénurie et rareté de pécune en nos marsupies, et soient exhautées de métal ferruginé, pour l'écot nous démettons nos codices et vestes opignerées, prestolants les tabellaires à venir des pénates et lares patriotiques.»

A quoi Pantagruel dit : « Quel diable de langage est-ce ceci ? Pardieu tu es quelque hérétique. Que veut dire ce fou ? je crois qu'il nous forge ici quelque langage diabolique, et qu'il cherche à nous charmer comme enchanteur ? » — A quoi un de ses gens lui dit : « Sans doute ce galant veut contrefaire le langage des Parisiens, mais il ne fait qu'écorcher le latin, et pense ainsi pindariser (1), et il lui semble bien qu'il est un grand et beau parleur en français, parce qu'il dédaigne l'usage ordinaire de parler. — Par Dieu, dit Pantagruel, je vous apprendrai à parler, mais avant, dis-moi d'où tu es ? » — A quoi l'écolier répondit : « L'origine première des mes aves et ataves fut in-

(1) Se servir de termes ampoulés et recherchés.

digène des régions Lémoviques, où requiesce le corpore de l'agiotate Saint-Martial. — J'entends bien, dit Pantagruel. Tu es limousin pour tout potage. Et tu veux ici contrefaire le Parisien. Or viens çà que je te donne un tour de peigne.»

Alors il le prit à la gorge lui disant: « Tu écorches le latin, par Saint-Jean, je te ferai écorcher le renard, car je t'écorcherai tout vif.»

Le pauvre Limousin commença alors à dire : « Vée dicou gentilatre, ho Saint-Marsaut, adjouda mi ! Hau, hau, laissas à que au nom de Dious, et ne me touquas grou. — A quoi dit Pantagruel : «A cette heure tu parles naturellement. »

Et ainsi il le laissa, mais le pauvre Limousin demeura altéré toute sa vie disant souvent que Pantagruel le tenait à la gorge. Et après quelques années il mourut.

CHAPITRE VII.

Comment Pantagruel vint à Paris, et des beaux livres de la bibliothèque Saint-Victor.

Après que Pantagruel eut fort bien étudié à Orléans, il délibéra de visiter la grande Université de Paris; mais, avant que de partir, il fut averti qu'il y avait une grosse et énorme cloche à Saint-Aignan du dit Orléans, qu'elle était en terre depuis plus de deux

cent quatorze ans ; car elle était tellement grosse
que par aucune espèce d'engin on ne la pouvait
mettre seulement hors terre, quoique l'on y eût ap-
pliqué tous les moyens que mettent *Vitruvius de
Architectura, Albertus de Re ædificatoria, Euclides,
Theon, Archimedes et Hero de Ingeniis:* car tout n'y
servit de rien ; ayant cédé à l'humble requête des
citoyens et habitants de ladite ville il délibéra de
l'apporter au clocher qui lui était destiné ; de fait
étant venu au lieu où elle était, il la leva de terre avec
le petit doigt aussi facilement que vous lèveriez une
sonnette d'épervier ; avant que de la porter au clocher, Pantagruel en voulut donner une aubade par la
ville, et la faire sonner par toutes les rues en la portant en sa main, dont tout le monde se réjouit fort
mais il en résulta un inconvénient bien grand ; car l
portant ainsi, et la faisant sonner par les rues, tou
le bon vin d'Orléans poussa, et se gâta, de quoi l
monde ne s'avisa que la nuit suivante : car chacun s
sentit tellement altéré d'avoir bu de ces vins poussés
qu'ils ne faisaient que cracher aussi blanc que d
coton de Malte, disant : « Nous avons du Pantagruel
et avons les gorges salées. »

Cela fait, il vint à Paris avec ses gens. A son en
trée tout le monde sortit pour le voir, car vous sa
vez bien que le peuple de Paris est sot par nature
par béquarre et par bémol ; et le regardaient e
grand ébahissement, et non sans grande peur qu'
n'emportât le palais ailleurs, comme son père ava

emporté les cloches de Notre-Dame, pour les atta-
cher au cou de sa jument. Et après qu'il y fut demeuré quelque temps et fort bien étudié dans tous
les septs arts libéraux, il disait que c'était une bonne
ville pour vivre, mais non pour mourir ; car les
gueux de Saint-Innocent se chauffaient des ossements
des morts. Il trouva la bibliothèque de Saint-Victor
fort magnifique, mêmement quelques-uns des livres
qu'il y trouva desquels s'ensuit le répertoire, et
primo :

Pantophla decretorum,

Marmotretus de babouinis et singis, cum commento Dorbellis,

L'Apparition de sainte Gertrude à une nonne de
Poissy,

Le Moutardier de pénitence,

Les Houseaux, *alias* les Bottes de patience,

Formicarium artium,

De Brodiorium usu, et honestate chopinandi, per
Sylvestrem,

Le Cabas des notaires,

Le Paquet de mariage,

Le Creziou (creuset) de contemplation,

Les Fariboles de droit,

L'Aiguillon de vin,

L'Éperon de fromage,

Decrotatorium scholarium,

Bricot, de Differentiis souparum,

Le Culot de discipline,

2

La Savate d'humilité,

Le Tripier de bon pensement,

De croquendi lardonibus, libri tres,

Pasquilli, doctoris marmorei, de capreolis chardoneta comedendis, tempore ab Ecclesia i dicto,

Majoris, de Modo faciendi boudinos,

Beda, de Optimate triparum,

La Complainte des avocats sur la réforme dragées,

Le Chat fourré des procureurs,

Des Pois au lard, cum commento,

Præclarissimi juris utriusque doctoris maîtr loti Raquedenari, de Bobelinandi glossæ accurs baguenaudis repetitio enucidiluculidissime,

Stratagemata Francarchieri de Bagnolet,

Franctopinus, de Re militari, cum figuris Tevo

De Usu et utilitate ecorchandi equos et equas,

M. N. Rostocostojambedanesse, de Moust post prandium servienda, lib. quatuordecim,

Jabolenus, de Cosmographia purgatorii,

Quæstio subtilissima, utrum Chimera, in v bombinans, possit comedere secundas intentio et fuit debatuta per decem hebdomadas in con Constancii,

Le Machefaim des avocats,

Barbouillamenta Scoti,

De Calcaribus removendis decades undecim,

M. Albericum de Rosata,

De Castrametandis crinibus lib. tres,

L'Entrée d'Antoine de Leide aux terres des Grecs,

Apologie contre ceux qui disent que la mule du Pape ne mange qu'à ses heures,

Pronosticatio quæ incipit, Silvii Triquebille,

Le Claquedent des maroufles,

La Ratoire des Théologiens,

Cullebutatorium confratrium, auctore incerto,

La Barbotine des marmiteux,

Poltronismus rerum Italicarum,

Almanach perpétuel pour les goutteux,

Maneries ramonendi fournellos, per M. Eccium.

L'Histoire des farfadets,

Les Happelourdes des officiaux,

La Bauduffe (toupie) des trésoriers,

Badinatorium sophistarum,

Antipericatametanaparbecgedemphicribrationes mercedantium,

Le Limaçon des rêvasseurs,

Le Boutevent des alchimistes,

L'Accoudoir de vieillesse,

La Muselière de noblesse,

Soixante et neuf bréviaires de haute graisse,

Le Ramoneur d'astrologie,

Desquels quelques-uns sont déjà imprimés : on imprime les autres maintenant dans la noble ville de Thubinge.

CHAPITRE VIII.

Comment Pantagruel trouva Panurge qu'il aima toute sa vie.

Un jour Pantagruel se promenant hors la ville vers l'abbaye Saint-Antoine devisant et philosophant avec ses gens et quelques écoliers, il rencontra un homme de belle stature et élégant en tous les linéaments du corps, mais tellement mal vêtu et en lambeaux, qu'il semblait être échappé des chiens et ressemblait à un cueilleur de pommes du pays du Perche. De tant loin que Pantagruel le vit, il dit aux assistants : « Voyez-vous cet homme qui vient par le chemin du pont de Charenton ? Par ma foi, il n'est pauvre que par fortune, la nature l'a produit de riche et noble lignée, mais les aventures des gens curieux l'ont réduit en cet état. » Aussitôt qu'ils furent auprès de lui, Pantagruel lui demanda : « Mon ami, je vous prie de vouloir bien vous arrêter un peu ici et de répondre à ce que je vous demanderai, vous ne vous en repentirez point, car j'ai affection très-grande de vous aider de mon pouvoir dans la position où je vous vois, car vous me faites pitié. Pourtant mon ami, dites-moi, qui êtes-vous ? d'où venez-vous ? où allez-vous ? que cherchez-vous ? quel est votre nom ? »

Le compagnon lui répondit en langue allemande.
— Pantagruel dit : « Mon ami, je n'entends point

ce baragouin-là; pourtant si vous voulez qu'on vous entende, parlez autre langage. »

Le compagnon reprit alors en arabe. — « Entendez-vous rien là? dit Pantagruel aux assistants. — A quoi Epistemon répondit: « Je crois que c'est le langage des antipodes : le diable n'y mordrait rien. » — Lors dit Pantagruel : « Je ne sais, compère, si les murailles vous comprendront, mais nul de nous n'y entend note. »

Le compagnon s'exprima en italien : — A quoi répondit Epistemon : « Autant de l'un comme de l'autre. »

Alors Panurge reprit en anglais : — Encore moins, répondit Pantagruel.

Il s'exprima encore en basque, en bas-breton, flamand, danois, hébreu, grec, en latin, etc.

« Dea, mon ami, dit Pantagruel, ne savez-vous parler français. — Si fais, très-bien, Seigneur, répondit le compagnon; Dieu merci, c'est ma langue naturelle et maternelle, car je suis né et j'ai été nourri jeune au jardin de France, c'est la Touraine. — Donc, dit Pantagruel, racontez-nous votre nom et d'où vous venez; car, par ma foi, je vous ai déjà pris en amour si grand que, si vous condescendez à mon vouloir, vous ne bougerez jamais de ma compagnie, et vous et moi nous ferons une paire d'amis comme furent Énée et Achates. — Seigneur, dit le compagnon, mon vrai et propre nom de baptême est Panurge, à présent je viens de Turquie où je fus mené prisonnier lorsqu'on alla à Metelin en la male heure. Et volontiers je vous raconterais mes fortunes, qui sont plus merveilleuses que celles d'Ulysse; mais puisqu'il vous plaît de me retenir avec vous, j'accepte franchement l'offre, protestant de ne jamais vous laisser; et allassiez-vous à tous les diables, nous aurons meilleur temps pour vous conter tout cela, pour cette heure j'ai nécessité bien urgente de manger : j'ai les dents aiguës, ventre vide, gorge sèche, appétit strident. »

Alors Pantagruel commanda qu'on le menât en son logis et qu'on lui apportât force vivres. Ce qui fut fait, il mangea très-bien et alla se coucher de bonne heure et dormit jusqu'au lendemain à l'heure du dîner, en sorte qu'il ne fît que trois pas et un saut du lit à table.

CHAPITRE IX.

Comment **Panurge** raconta la manière dont il échappa de la main des Turcs.

Un jour qu'ils se reposaient, Pantagruel dit à Panurge : « Je crois que c'est le moment de nous raconter comment vous vous échappâtes des mains des Turcs. — Par Dieu, Seigneur, dit Panurge, je ne vous en mentirai de mot. »

« Les paillards Turcs m'avaient mis en broche tout lardé comme un lapin, car j'étais tellement maigre qu'autrement ma chair eût été fort mauvaise viande, et en ce point ils me faisaient rôtir tout vif. Ainsi, comme ils me rôtissaient, je me recommandais à la grâce divine, ayant en mémoire le bon saint Laurent, et toujours j'espérais en Dieu qu'il me délivrerait de ce tourment, ce qui fut fait bien étrangement. Car ainsi que je me recommandais de bien bon cœur à Dieu, criant : « Seigneur Dieu, aide-moi ! Seigneur Dieu, sauve-moi ! Seigneur Dieu, ôte-moi de ce tourment auquel ces traîtres chiens me détiennent parce que je maintiens ta loi ! » le rôtisseur s'endormit par le vouloir divin, ou bien de quelque bon Mercure qui endormit adroitement Argus qui avait cent yeux. Quand je vis qu'il ne me tournait plus en rôtissant, je le regarde et m'aperçois qu'il s'est endormi : alors je prends avec les dents un tison par le bout où il n'était point brûlé, et vous le jette au giron de mon rôtisseur; j'en jette un autre le mieux que je peux sous un lit de camp, qui était auprès de la cheminée, où était la paillasse de monsieur mon rôtisseur. Incontinent, le feu se prit à la paille, de la paille au lit, et du lit à tout l'étage qui était revêtu de sapin fait à queues de lampes. Mais le bon fut que le tison que j'avais jeté au giron de mon rôtisseur lui brûla tout l'estomac, mais il était tellement punais qu'il ne le sentit pas immédiatement. Aussitôt qu'il s'en aperçut, il se

leva tout étourdi criant à la fenêtre tant qu'il put :
« *Dalbaroth! Dalbaroth!* » ce qui veut dire : Au feu,
au feu. Il vint droit à moi pour me jeter tout entier
dans le brasier, et déjà il avait coupé les cordes dont
on m'avait lié les mains, il coupait les liens des
pieds ; mais le maître de la maison entendant le cr
au feu et sentant la fumée de la rue où il se promenait avec quelques autres pachas, courut tant qu'il
put pour porter secours et enlever les bijoux.

« De pleine arrivée, il tira la broche où j'étais
embroché, et tua tout roide mon rôtisseur, dont il
mourut là par faute de gouvernement ou autrement ; car il lui passa la broche un peu au-dessus
du nombril vers le flanc droit, et lui perça le
troisième lobe du foie, et le coup haussant lui pé-
nétra le diaphragme, et par à travers la capsule du
cœur la broche lui sortit par le haut des épaules
entre les spondyles et l'omoplate gauche. La vérité
est qu'en tirant la broche de mon corps, je tombe à
terre près des landiers, je me fis un peu de mal
dans ma chute, toutefois pas trop grand, car les
lardons soutinrent le coup. Puis mon pacha voyant
que le coup était désespéré et que sa maison était
brûlée sans rémission, et tout son bien perdu, se
donna à tous les diables, appelant Grilgoth, Asta-
roth, Rappalus, et Gribouillis par neuf fois.

« Ce que voyant, j'eus peur pour plus de cinq
sols, craignant que les diables venant à cette heure
pour emporter ce fou, ne m'emportassent aussi. Je

suis déjà à demi rôti, nos lardons sont causes de mon mal : car ces diables-ci sont friands de lardons, mais je fis le signe de la croix criant : *Agios athanatos ho Theos*, et nul ne venait. Ce que connaissant, mon vilain pacha se voulait tuer de ma broche, et s'en percer le cœur : de fait, il la mit contre sa poitrine, mais elle ne pouvait outrepasser, car elle n'était pas assez pointue, il poussait tant qu'il pouvait, mais il n'avançait à rien. Alors je vins à lui disant : « Messire, tu perds ici ton temps, car tu ne te tueras jamais ainsi : tu te blesseras peut-être quelque part, dont tu languiras toute ta vie entre les mains des chirurgiens : mais si tu veux, je te tuerai ici, tout franchement, en sorte que tu n'en sentiras rien, et tu peux m'en croire ; car j'en ai tué bien d'autres qui s'en sont fort bien trouvés. — Ha, mon ami, dit-il, je t'en prie, si tu fais cela je te donne ma bourse ; tiens, la voilà, il y a six cents seraphs dedans et quelques diamants et rubis en perfection. » — Et où sont-ils? dit Epistemon. — Par saint Jean, dit Panurge, ils sont bien loin s'ils vont toujours. Mais où sont les neiges d'antan? c'était le plus grand souci qu'eût Villon, le poëte parisien. — Achève, je te prie, dit Pantagruel, que nous sachions comment tu accoutras ton pacha. — Foi d'homme de bien, dit Panurge, je n'en mens de mot. Je le bandai d'une méchante braye que je trouvai là à demi brûlée, et le liai solidement, pieds et mains, avec mes cordes, si bien qu'il n'eût su regimber; puis je lui passai ma broche à travers l'estomac, et le pendis, accrochant la broche à deux gros crampons qui soutenaient des hallebardes. Je vous attise un beau feu au-dessous et vous flambe mon milord comme on fait les harengs saurs à la cheminée. Puis prenant sa bourse et un petit javelot qui était sur les crampons, je m'enfuis au beau galop. Et Dieu sait comment je sentais mon épaule de mouton.

« Quand je fus descendu dans la rue, je trouvai tout le monde qui était accouru pour éteindre le feu à force d'eau. Me voyant ainsi à demi rôti ils eurent pitié de moi naturellement, et me jetèrent toute leur eau, ce qui me rafraîchit joyeusement et me fit fort grand bien ; puis ils me donnèrent quelque peu à repaître, mais je ne mangeai guère, car ils ne me donnaient que de l'eau à boire, selon leur mode. Ils ne me firent autre mal, sinon un vilain petit Turc, bossu par devant, qui furtivement me croquait mes lardons ; mais je lui donnai si vert *dronos* sur les doigts avec mon javelot qu'il n'y retourna pas deux fois. Notez que ce rôtissement me guérit, d'une goutte sciatique, à laquelle j'étais sujet depuis plus de sept ans, du côté où mon rôtisseur s'endormant me laissa brûler.

« Or, pendant qu'ils s'occupaient de moi, le feu triomphait, ne demandez pas comment, à prendre à plus de deux mille maisons, tellement que quelqu'un s'en aperçut et s'écria : « Ventre Mahom ! toute la ville brûle et nous nous amusons ici. »

« Alors chacun s'en alla à sa chaumière. Pour moi, je pris mon chemin vers la porte. Quand je fus sur une petite butte qui est auprès, je me retournai en arrière comme la femme de Loth, et je vis la ville brûlant presque totalement, je fus tellement aise, que je faillis mourir de joie, mais Dieu m'en punit bien. — Comment? dit Pantagruel. — Ainsi, reprit Panurge, que je regardais en grande liesse ce beau feu, me réjouissant et disant : Ha! pauvres puces ; ha! pauvres souris, vous aurez mauvais hiver, le feu est en votre palier! plus de six, voire plus de treize cent onze chiens gros et menus sortirent tous ensemble de la ville, fuyant le feu. Ils arrivèrent droit à moi sentant l'odeur de ma chair rôtie, et ils m'eussent dévoré de suite, si mon bon ange ne m'eût bien inspiré, m'enseignant un remède contre le mal de dents. — Et à quel propos, dit Pantagruel, craignais-tu le mal des dents, n'étais-tu pas guéri de tes rhumes! — Pasque de soles, répondit Panurge, est-il mal de dents plus grand que quand les chiens vous tiennent aux jambes? Mais soudain je m'avise de mes lardons et les jetai au milieu d'eux ; alors les chiens d'aller et de s'entrebattre l'un l'autre à belles dents, à qui aurait le lardon. Par ce moyen ils me laissèrent, et je les laissai se tenant aux poils, je m'échappai de bon cœur gaillardement, et vive la rôtisserie !

CHAPITRE X.

Des mœurs et conditions de Panurge.

Panurge était de stature moyenne, ni trop grand, ni trop petit, il avait le nez un peu aquilin, fait à manche de rasoir ; et avait pour lors l'âge de trente-cinq ans ou environ, fin à dorer comme une dague de plomb, bien galant homme de sa personne, sinon qu'il était quelque peu débauché, et sujet de nature à une maladie qu'on appelait en ce temps-là :

Faute d'argent, c'est douleur non pareille.

Toutefois il avait soixante-trois manières d'en trouver toujours à son besoin, dont la plus honorable et plus commune était par façon de larcin furtivement fait; malfaisant, pipeur, buveur, batteur de pavés, ribleur s'il en était à Paris;

Au demeurant le meilleur fils du monde.

Toujours il machinait quelque chose contre les sergents et contre le guet.

Une fois il assemblait trois ou quatre bons rustres, les faisait boire comme templiers sur le soir, après les menait au-dessus de Sainte-Geneviève, ou auprès du collége de Navarre, et à l'heure que le guet montait par là (ce qu'il connaissait en mettant son épée sur le pavé, et l'oreille auprès, et lorsqu'il entendait

son épée branler, c'était signe infaillible que le guet
était près), à ce moment, ses compagnons et lui,
prenant un tombereau, lui donnaient le branle,
le poussant avec grande force du côté de la vallée,
et ainsi mettaient tout le pauvre guet par terre comme
porcs, puis ils filaient de l'autre côté : car en moins
de deux jours, il sut toutes les rues, ruelles et tra-
verses de Paris comme son *Pater*. D'autres fois, il
faisait en quelque belle place, par où ledit guet devait passer, une traînée de poudre à canon ; et à
l'heure qu'il passait, il mettait le feu dedans et prenait son passe-temps à voir la bonne grâce qu'ils
avaient en fuyant, pensant que le feu Saint-Antoine
les tint aux jambes. A l'égard des pauvres maîtres
ès arts et théologiens, il les persécutait sur tous autres. Quand il rencontrait quelques-uns d'entre eux
par la rue, il ne manquait jamais de leur faire quelque
sottise, mettant des ordures dans leur chaperon au
bourrelet ; leur attachant de petites queues de renard, ou des oreilles de lièvres par derrière, ou quelque autre mal.

CHAPITRE XI.

Comment Pantagruel partit de Paris apprenant la nouvelle que les
Dipsodes envahissaient le pays des Amorotes.

Pantagruel ayant appris la nouvelle que son père
Gargantua avait été transporté au pays des fées par

Morgan, comme fut jadis Ogier et Artus; que le bruit de cette translation ayant été promptement répandu, les Dipsodes étaient sortis de leurs limites et avaient gâté une grande partie du pays d'Utopie; et que pour le moment ils tenaient la grande ville des Amorotes assiégée, partit incontinent, sans rien dire à personne, car l'affaire requérait urgence, et vint à Rouen. Partant, il arriva à Honfleur où il s'embarqua avec Panurge, Épistemon, Eusthènes et Carpalim. Une heure après, il se leva un grand vent nord-nord-ouest auquel ils donnèrent pleines voiles, et en peu de jours ils passèrent par Porto-Santo, Madère et firent escale aux îles Canaries. Puis ils passèrent par le cap Blanc, le cap Vert, Gambie, le cap de Bonne-Espérance et finalement ils arrivèrent au pays d'Utopie, distant de la ville des Amorotes de trois lieues et quelque peu davantage.

Quand ils furent à terre quelque peu rafraîchis, Pantagruel dit : « Enfants, la ville n'est pas loin d'ici; avant que de marcher outre, il serait bon de délibérer de ce qui est à faire, afin que nous ne ressemblions point aux Athéniens, qui ne délibéraient jamais sinon après le cas fait. Êtes-vous disposés à vivre ou mourir avec moi? — Seigneur, oui, dirent-ils tous, tenez-vous assuré de nous comme de vos propres doigts. — Or, dit-il, il n'y a qu'un point qui tienne mon esprit en suspens et dans le doute, c'est que je ne sais en quel ordre ni en quel nombre sont les ennemis qui tiennent la ville assiégée; car, si je le savais, je m'en irais en plus grande assurance. Avisons ensemble aux moyens que nous pourrions employer pour être bien informés. » — A quoi tous ensemble dirent : « Laissez-nous y aller voir, et attendez-nous ici, car aujourd'hui nous vous apporterons des nouvelles certaines. »

— Je, dit Panurge, entreprends d'entrer dans leur camp au milieu des gardes et du guet, et banqueter avec eux, m'amuser à leurs dépens, sans être connu d'aucun, visiter l'artillerie, les tentes de tous les capitaines, et me prélasser par les bandes, sans être jamais découvert : le diable ne me tromperait pas, car je suis de la lignée de Zopyre. — Je, dit Epistemon, sais tous les stratagèmes et prouesses des vaillants capitaines et champions des temps passés, et toutes les ruses et finesses de discipline militaire : j'irai, et encore que je fusse découvert et décelé, je m'échapperai en leur faisant croire de vous tout ce qui me plaira : car je suis de la lignée de Sinon. — Je, dit Eusthènes, entrerai par à travers leurs tranchées, malgré le guet et tous les gardes, car je leur passerai sur le ventre et leur romprai bras et jambes, et fussent-ils aussi forts que le diable : car je suis de la lignée d'Hercules. — Je, dit Carpalim, y entrerai, si les oiseaux y entrent ; car j'ai le corps tellement allègre, que j'aurai sauté leurs tranchées, et traversé tout leur camp avant qu'ils m'aient aperçu. Et ne crains ni trait, ni flèche, ni cheval, quelque léger qu'il soit, fût-ce Pégase de Persée, ou Pacolet, et devant eux je m'échapperai sain et sauf : j'entreprends de marcher sur les épis, sur l'herbe des prés, sans qu'elle fléchisse sous moi : car je suis de la lignée de Camille amazone.

CHAPITRE XII.

Comment Panurge, Carpalim, Eusthènes et Epistemon, compagnons de Pantagruel, descoufirent six cent soixante chevaliers bien subtilement.

Pendant qu'il disait cela, ils aperçurent six cent soixante chevaliers parfaitement montés sur chevaux légers, qui accouraient là pour voir ce que c'était que ce navire qui était abordé au port, et couraient à bride abattue pour les prendre s'ils eussent pu. Alors Pantagruel dit : « Enfants, retirez-vous dans le navire : voici nos ennemis qni accourent, et je vous les tuerai comme bêtes, et fussent-ils dix fois autant : pendant ce temps-là retirez-vous, et prenez votre passe-temps. — Adonc, répondit Panurge : non, Seigneur, il n'y a aucune raison pour que vous agissiez ainsi : mais au contraire, retirez-vous dans le navire, et vous, et les autres; car tout seul je les déconfirai ici; mais il ne faudra pas tarder : dépêchez-vous. — A quoi dirent les autres : C'est bien dit. Seigneur, retirez-vous, nous aiderons ici à Panurge et vous connaîtrez ce que nous savons faire.

— Alors Pantagruel dit : Or je le veux bien, mais au cas que vous fussiez plus faibles, je ne vous abandonnerai pas. »

Alors Panurge tira deux grandes cordes du navire, et les attacha au cabestan qui était sur le tillac, les mit à terre, et en fit un long circuit, l'un plus loin, l'autre dans celui-là. Puis il dit à Épistemon : « Entrez dans le navire, et quand je vous sonnerai, tournez le cabestan sur le tillac diligentement et ramenant à vous ces deux cordes. » Puis il dit à Eusthènes et à Carpalim : « Enfants, attendez ici et offrez-vous aux ennemis franchement, et obtempérez à eux, et faites semblant de vous rendre : mais faites bien attention de ne pas entrer au centre des cordes, tenez-vous toujours en dehors.»

Incontinent il entra dans le navire, il prit un faix de paille et une boîte de poudre à canon et la répandit au centre des cordes et se tint auprès avec un charbon ardent. Soudain les chevaliers arrivèrent à grande force, et les premiers choquèrent jusque auprès du navire, et comme le rivage glissait, ils tombèrent avec leurs chevaux au nombre de quatre. Les autres voyant cela s'approchèrent, croyant qu'on leur avait résisté à l'arrivée. Mais Panurge leur dit : « Messieurs, je crains que vous ne vous soyez fait mal, pardonnez-le nous, car ce n'est pas de notre faute mais de la lubricité (1) de l'eau de la mer, qui est toujours onc-

(1) Du latin *lubricus*, qualité de ce qui est glissant.

tueuse. Nous nous rendons à votre bon plaisir. »
Autant en dirent ses deux compagnons et Épistemon
qui était sur le tillac. Pendant ce temps-là, Panurge
s'éloignait, et voyant que tous étaient dans le cercle
des cordes, et que ses deux compagnons s'en étaient
éloignés faisant place à tous ces chevaliers, qui allaient en foule pour voir le navire et ce qu'il y avait
dedans, soudain cria à Épistemon : « Tire ! tire. »
Alors Épistemon commença à tirer au cabestan et
les cordes s'empêtrèrent entre les chevaux et les
ruaient par terre bien aisément avec leurs cavaliers :
mais ceux-ci tirèrent leur épée et les voulurent dé-
faire ; alors Panurge mit le feu à la traînée et les fit
tous brûler comme âmes damnées ; hommes et chevaux, nul n'en échappa, excepté un qui était monté sur
un cheval turc qui gagna à la fuite. Mais quand Carpalim l'aperçut, il courut après en telle vitesse et lé-
gèreté qu'il l'attrapa en moins de cent pas, et sau-
tant sur la croupe de son cheval, l'embrassa par derrière, et l'amena au navire.

Cette défaite parachevée, Pantagruel fut bien
joyeux et loua merveilleusement l'industrie de ses
compagnons, et les fit rafraîchir et bien repaître sur
le rivage joyeusement, et boire d'autant, le ventre
contre terre, et leur prisonnier avec eux familièrement : sinon que le pauvre diable n'était point assuré
que Pantagruel ne le dévorât tout entier, ce qu'il eût
fait tant il avait la gorge large, aussi facilement que
vous avaleriez une dragée, et ne lui eût pas plus abondé

en la bouche qu'un grain de millet dans la gueule d'un âne.

CHAPITRE XIII.

Comment Pantagruel et ses compagnons étaient fâchés de manger de la chair salée et comment Carpalim alla chasser pour avoir de la venaison.

Ainsi comme ils banquetaient, Carpalim dit : « Et ventrebleu, ne mangerons-nous jamais de venaison? Cette chair salée m'altère beaucoup. Je vais vous apporter ici une cuisse de ces chevaux que nous avons fait brûler, elle sera bien assez rôtie.» Pendant qu'il se levait pour ce faire, il aperçut, à l'entrée du bois, un grand beau chevreuil qui était sorti du fourré, voyant le feu de Panurge, à mon avis. Incontinent il courut après en telle vitesse, qu'il semblait que ce fut un trait d'arbalète et l'attrapa en un moment; et en courant il prit de ses mains en l'air Quatre grandes outardes (1),

Six bitars,

Vingt-six perdrix grises,

Trente-deux rouges,

Seize faisans,

Neuf bécasses,

Dix-neuf hérons,

---

(1) Outarde, *avis tarda.*

Trente-deux pigeons ramiers,

Et tua de ses pieds dix ou douze levrauts ou lapins,

Dix-huit râles parés ensemble. Plus :

Quinze sangliers,

Deux blaireaux,

Trois grands renards.

Frappant le chevreuil de son javelot à la tête, il le tua, et l'apportant il recueillit les levrauts, râles et sangliers. Et de tant loin qu'il put être entendu il cria, disant : « Panurge, mon ami, vinaigre, vinaigre ! » Dont pensait le bon Pantagruel que le cœur lui fît mal et commanda qu'on lui apprêtât du vinaigre. Mais Panurge entendit bien qu'il y avait levrauts au croc ; de fait il montra au noble Pantagruel comment il portait à son col un beau chevreuil, et toute sa ceinture brodée de levrauts. Soudain, Epistemon fît, au nom des neuf muses, neuf belles broches de bois à l'antique. Eusthènes aidait à écorcher, et Panurge mit deux selles d'armes des chevaliers en tel ordre qu'elles servirent de landiers ; ils firent leur prisonnier rôtisseur, et firent rôtir leur venaison au feu où brûlaient les chevaliers. Et après ils firent grand'chère à force de vinaigre, que c'était plaisir de les voir manger. Alors Pantagruel dit : « Plût à Dieu que chacun de vous eût deux paires de sonnettes de sacre au menton, et que j'eusse au mien les grosses horloges de Rennes, de Poitiers, de Tours et de Cambrai, pour voir l'au-

bade que nous donnerions au remuement de nos
badigoinces (1) ! — Mais, dit Panurge, il vaut mieux
penser un peu à notre affaire, et par quel moyen
nous pourrons vaincre nos ennemis. — C'est bien
avisé, dit Pantagruel.» Il demanda à leur prisonnier :
« Mon ami, dis nous ici la vérité, et ne nous mens en
rien, si tu ne veux être écorché tout vif, car c'est
moi qui mange les petits enfants ; conte-nous entièrement l'ordre, le nombre et la forteresse de l'armée. » —A quoi répondit le prisonnier : « Seigneur,
sachez pour la vérité qu'en l'armée sont trois cents
géants tout armés de pierres de taille, grands à merveilles, toutefois non autant que vous, excepté un
qui est leur chef, nommé Loupgarou, et est tout
armé d'enclumes cyclopiques. Cent soixante-treize
mille piétons tout armés de peaux de lutins, gens
forts et courageux, onze mille quatre cents hommes
d'armes, trois mille six cents doubles canons, et des
espingardes (2) sans nombre.—Voire, mais, dit Pantagruel, le roi y est-il? — Oui, Sire, dit le prisonnier,
il y est en personne, et nous le nommons Anarche,
roi des Dipsodes, qui vaut autant à dire comme altérés ; car vous ne vîtes jamais gens si altérés ni buvant plus volontiers. Il a sa tente sous la garde des
gens.—C'est assez, dit Pantagruel. Sus, enfants, êtes-
vous délibérés d'y venir avec moi ? — A quoi Panurge répondit: Dieu confonde qui vous laissera. —

(1) Mâchoires.
(2) Arbalètes montées sur roues.

Sus, donc, enfants, dit Pantagruel, commençons à marcher. »

CHAPITRE XIV.

Comment Pantagruel eut victoire bien étrangement des Dipsodes et des géants.

Pantagruel avant de partir fit appeler le prisonnier et le renvoya disant : « Va-t'en à ton roi en son camp, et raconte-lui ce que tu as vu, et qu'il se prépare à me festoyer demain sur le midi; car aussitôt que mes galères seront venues, ce qui sera le matin au plus tard, je lui prouverai par dix-huit cent mille combattants et sept mille géants tous plus grands que tu me vois, qu'il a fait follement et contre raison d'assaillir ainsi mon pays. » — En quoi Pantagruel feignait d'avoir une armée sur mer.

Mais le prisonnier répondit qu'il se rendait son esclave et qu'il était content de ne jamais retourner avec ses gens, mais qu'il préférait plutôt combattre avec Pantagruel contre eux, et que pour Dieu il lui permît d'agir ainsi. Mais Pantagruel n'y voulut pas consentir, et lui commanda de partir de là promptement et d'aller où il lui avait dit; puis il lui donna une boîte pleine d'euphorbe et de grains de *cocco-ynide* (1), confits en eau ardente en forme de com-

(1) *Coccum gnidium.* Graine de thymélia, poivre de montagne.

pote, lui commandant de la porter à son roi, et de lui dire que s'il en pouvait manger une once sans boire, il pourrait lui résister sans peur. Alors le prisonnier le supplia à mains jointes d'avoir pitié de lui à l'heure de la bataille : Pantagruel lui dit : « Après que tu auras annoncé le tout à ton roi, mets tout ton espoir en Dieu et il ne te délaissera point. Car moi, encore que je sois puissant, comme tu peux le voir, et aie beaucoup de gens sous les armes, toutefois je n'espère en ma force ni en mon industrie : mais toute ma confiance est en Dieu mon protecteur, qui ne délaisse jamais ceux qui ont mis leur espoir et pensée en lui. »

Cela fait, le prisonnier lui demanda qu'il le traitât raisonnablement pour sa rançon. A quoi Pantagruel répondit que son but n'était ni de piller, ni de rançonner les humains, mais de les enrichir et réformer en liberté entière. « Va-t'en, dit-il, en la paix du Dieu vivant : ne suis jamais mauvaise compagnie, et qu'il ne t'arrive pas malheur. »

Le prisonnier parti, Pantagruel dit à ses gens : « Enfants, j'ai donné à entendre à ce prisonnier que nous avions armée sur mer, et que nous ne donnerions l'assaut que demain sur le midi, afin que s'attendant à une grande venue de gens, ils s'occupent cette nuit à mettre tout en ordre et à se remparer : mais cependant mon intention est que nous chargions sur eux environ l'heure du premier somme. »

Laissons ici Pantagruel avec ses compagnons, et parlons du roi Anarche et de son armée.

Quand le prisonnier fut arrivé il se transporta vers le roi, et lui conta comment était venu un grand géant nommé Pantagruel, qui avait déconfit et fait rôtir cruellement tous les six cent cinquante-neuf chevaliers, et que lui seul avait été sauvé pour en porter les nouvelles. De plus, que le dit géant l'avait chargé de lui dire qu'il lui apprêtât à dîner pour le lendemain sur le midi : car il délibérait de l'envahir à la dite heure.

Puis il lui donna la boîte qui contenait les confitures. Mais aussitôt qu'il en eut avalé une cuillerée, il lui vint un tel échauffement de gorge avec ulcération de la luette, que la langue lui pela. Et aucun remède ne put lui apporter de soulagement, car aussitôt qu'il ôtait le gobelet de la bouche, la langue lui brûlait. Aussi ne faisait-on que lui mettre vin en gorge avec un entonnoir. Ce que voyant ses capitaines et gens de garde, ils goûtèrent des dites drogues, pour éprouver si elles étaient tant altératives. Mais il leur en prit comme à leur roi. Et ils flaconnèrent tellement que le bruit se répandit par tout le camp que le prisonnier était de retour, qu'ils devaient avoir l'assaut le lendemain, que le roi, les capitaines s'y préparaient en buvant à tirelarigot. Par quoi tout le monde commença à chopiner. En somme, ils burent tant et tant, qu'ils s'endormirent sans ordre parmi le camp.

Maintenant retournons au bon Pantagruel, et racontons comment il se comporta en cette circonstance. En partant', il emporta le mât du navire en sa main, comme un bourdon, et mit dans la hune deux cent trente-sept poinçons de vin blanc d'Anjou, du reste de Rouen, et attacha à sa ceinture la barque toute pleine de sel, aussi facilement que les Suissesses portent leurs petits paniers. Et ainsi se mit en chemin avec ses compagnons. Quand il fut près du camp des ennemis, Panurge lui dit : « Seigneur, voulez-vous bien faire? Descendez le vin blanc de la hune et buvons ici. »

A quoi condescendit volontiers Pantagruel, et ils burent si roide, qu'il ne demeura une seule goutte des deux cent trente-sept poinçons, excepté une ferrière (1) de cuir bouilli de Tours que Panurge appelait son *vade-mecum*, et quelques méchantes baissières pour le vinaigre. Pantagruel dit alors à Carpalim : « Allez en la ville, grimpant comme un rat le long de la muraille, comme vous savez bien faire, et dites-leur qu'à l'heure présente ils sortent et donnent contre les ennemis autant roidement qu'ils le pourront, et ce dit, descendez en prenant une torche allumée, avec laquelle vous mettrez le feu à toutes les tentes et pavillons du camp : vous crierez tant que vous pourrez de votre grosse voix, qui est plus épouvantable que n'était celle de Stentor, qui fut ouïe par-dessus tout le bruit de la ba-

(1) Flacon pour le voyage.

taille des Troyens, et partez du dit camp. — Voire, mais, dit Carpalim, ne serait-ce point bon que j'enclouasse toute leur artillerie? — Non, non, dit Pantagruel, mais mettez le feu à leurs poudres. »

Obtempérant à cela, Carpalim partit soudain et fit comme il avait été décrété par Pantagruel, et tous les combattants qui étaient dans la ville sortirent. Et lorsqu'il eut mis le feu aux tentes et pavillons, il passa si légèrement sur eux qu'ils ne sentirent rien, tant ils ronflaient profondément. Il vint au lieu où était l'artillerie et mit le feu à leurs munitions. Mais (ce fut le danger) le feu fut si soudain qu'il faillit embraser le pauvre Carpalim. Et n'eût été sa merveilleuse agilité, il était fricassé comme un cochon de lait, mais il départit si roidement qu'un trait d'arbalète ne va plus vite.

Quand il fut hors des tranchées, il s'écria si épouvantablement qu'il semblait que tous les diables fussent déchaînés. Auquel cri les ennemis s'éveillèrent.

Pendant ce temps-là, Pantagruel commença à semer le sel qu'il avait en sa barque, et comme ils dormaient la bouche béante et ouverte, il leur en remplit tout le gosier, tant que ces pauvres hères toussaient comme renards, criant : « Ha, Pantagruel, tant tu nous chauffes le tison. » Soudain, Pantagruel les arrosa d'abondance, si copieusement, qu'il les noya tous en leur camp et qu'il y eut déluge particulier dix lieues à la ronde. Ce que voyant, ceux qui étaient sortis de la ville disaient : « Ils sont tous morts cruellement, voyez le sang courir. » Mais ils étaient trompés croyant que le déluge pantagruélique fût le sang des ennemis; car ils ne voyaient sinon à la lumière du feu et quelque peu de clarté de la lune. Les ennemis après s'être éveillés, voyant le feu d'un côté, l'eau de l'autre, ne savaient que penser, ni que dire. Quelques-uns disaient que c'était la fin du monde et jugement dernier, qui doit être consommé par le feu; les autres que les dieux marins Neptune, Tritons, etc., les persécutaient et que de fait, c'était eau marine et salée.

CHAPITRE XV.

Comment Pantagruel défit les trois cents géants armés de pierres de taille, et Loupgarou leur capitaine.

Les géants, voyant que tout leur camp était noyé, emportèrent leur roi Anarche à leur col le mieux qu'ils purent hors du fort, comme fit Enée son père Anchises à la conflagration de Troie. Lorsque Panurge les aperçut il dit à Pantagruel : « Seigneur, voyez là les géants qui sont sortis; donnez dessus avec votre mât, galantement, à la vieille escrime; car c'est à cette heure qu'il faut se montrer homme de bien, et nous ne vous faillirons pas. Et hardiment que je vous en tuerai beaucoup. Car quoi? David tua bien Goliath facilement. Et puis ce gros polisson d'Eusthènes, qui est fort comme quatre bœufs, ne s'y épargnera pas. Prenez courage : choquez de taille et d'estoc. — Or, dit Pantagruel, du courage, j'en ai pour plus de cinquante francs. Mais quoi? Hercules n'osa jamais entreprendre contre deux. — Comment, dit Panurge, vous comparez-vous à Hercules? Vous avez, par Dieu, plus de force aux dents, que n'eut jamais Hercules en tout son corps et âme. Autant vaut l'homme comme il s'estime. »

Pendant qu'ils disaient ces mots, voici Loupgarou qui arrive avec tous ses géants, lequel, voyant Pantagruel seul, fut épris de témérité et outrecuidance, par espoir qu'il avait d'occire le bonhommet. Alors il dit à ses géants : « Par Mahom, si quelqu'un d'entre vous entreprend de combattre contre ceux-ci, je le ferai mourir cruellement. Je veux que vous me laissiez combattre seul, pendant ce temps-là vous aurez votre passe-temps à nous regarder. »

Alors tous les géants se retirèrent près de là avec leur roi, où étaient les flacons, et Panurge et ses compagnons avec eux; contrefaisant ceux qui sont malades, car il tordait la bouche, et retirait les doigts et en parole enrouée leur dit : « Je renie bieu, compagnons, nous ne faisons point la guerre, donnez-nous à repaître avec vous, pendant que nos maîtres s'entre-battent. » A quoi le roi et ses géants consentirent, et ils banquetèrent avec eux.

Panurge leur conta les fables de Turpin, les exemples de Saint Nicolas et le conte de la Cigogne.

Loupgarou s'adressa à Pantagruel avec une masse toute d'acier pesant neuf mille sept cents quintaux deux quarterons d'acier de Chalybes, au bout de la quelle étaient treize pointes de diamants, dont la moindre était aussi grosse comme la plus grosse cloche de Notre-Dame de Paris (il s'en fallait par aventure l'épaisseur d'un ongle tout au plus, ou pour que je ne mente, d'un dos de ces couteaux qu'on appelle coupe-oreille; mais ni plus ni moins), et elle était fée, de manière qu'elle ne pouvait jamais rompre; mais, au contraire, tout ce qu'il en touchait, se brisait incontinent. Ainsi donc, comme il approchait en grande fierté, Pantagruel jetant les yeux au ciel, se recommande à Dieu de bien bon cœur, faisant vœu tel comme s'ensuit : « Seigneur Dieu, qui toujours as été mon protecteur et mon sauveur, tu vois la détresse en laquelle je suis maintenant. Rien ne m'amène ici, sinon le zèle naturel que tu as octroyé aux humains de garder et de défendre eux, leurs femmes, enfants, pays et famille, en cas que ne serait ton négoce propre qui est la foi; car en telle affaire tu ne veux coadjuteur, sinon de confession catholique et service de ta parole, et nous as défendu toutes armes et défenses, car

3.

tu es le Tout-Puissant, qui en ton affaire propre,
et où ta cause propre est tirée en action, peux
défendre plus qu'on ne saurait estimer, toi qui as
mille milliers de centaines de millions d'anges,
desquels le moindre peut occire tous les humains,
et tourner le ciel et la terre à son plaisir, comme
apparut jadis à l'armée de Sennacherib. Donc, s'il
te plaît à cette heure m'être en aide, comme en toi
seul est toute ma confiance et mon espoir, je te fais
vœu que par toutes contrées, tant de ce pays d'U-
topie que de partout ailleurs où je pourrai avoir
puissance et autorité, je ferai prêcher ton saint
Évangile et révérer et adorer ton saint nom. »

Alors fut entendue une voix du ciel disant : *Hoc
fac et vinces*, c'est-à-dire : Fais ainsi et tu auras victoire. Puis Pantagruel voyant que Loupgarou approchait la bouche ouverte, vint contre lui hardiment,
et s'écria tant qu'il put : « A mort! ribaud! à
mort! » pour lui faire peur, selon la discipline des
Lacédémoniens, par son horrible cri. Puis lui jeta
de sa barque, qu'il portait à sa ceinture, plus de dix-
huit caques et un minot de sel, dont il lui emplit et
gorge et gosier, et le nez et les yeux. Irrité de cela,
Loupgarou lui lança un coup de sa masse, lui voulant rompre la cervelle. Mais Pantagruel fut habile,
et eut toujours bon pied et bon œil, il marcha du
pied gauche un pas en arrière; mais il ne sut si bien
faire que le coup ne tombât sur la barque, qu'il rompit en mille quatre-vingt et six pièces, et versa le

reste du sel par terre. Pantagruel voyant cela, déplia galantement ses bras, et comme l'on fait avec une hache, lui donna du gros bout de son mât en estoc au-dessus du sein, et lui réitérant le coup à gauche en taillade, lui frappa entre le col et le collet; puis avançant le pied droit lui donna dans le ventre un coup du haut bout de son mât, à quoi la hune se rompit, et il versa trois ou quatre poinçons de vin qui était de reste. Pantagruel voulait redoubler en glissant son arme, mais Loupgarou haussant sa masse avança son pas vers lui, et de toute sa force la voulait enfoncer sur Pantagruel; de fait, il en donna si vertement, que si Dieu n'eût secouru le bon Pantagruel, il l'eût fendu depuis le sommet de la tête jusqu'au fond de la ratelle. Mais le coup déclina à droite par la brusque hativité de Pantagruel, et sa masse de plus de soixante et treize pieds en terre à travers un gros rocher, dont il fit sortir le feu plus gros que neuf mille six tonneaux. Pantagruel voyant qu'il s'amusait à tirer sa dite masse qui tenait en terre contre le roc, lui courut sus, et lui voulait avaler (1) la tête tout net; mais son mât de male fortune, toucha un peu au fût de la masse de Loupgarou qui était fée (comme nous avons dit devant). Par ce moyen, son mât lui rompit à trois doigts de la poignée. Dont il fut plus étonné qu'un fondeur de cloches, et s'écria : « Ha! Panurge, où es-tu? » Ce que voyant, Panurge dît au roi : « Par-

(1) Abattre.

dieu ! ils se feront mal, qui ne les départira. » Mais les géants étaient aises comme s'ils fussent de noces. Alors Carpalim voulut se lever pour aller secourir son maître : mais un géant lui dit : « Par Golfarin, neveu de Mahom, si tu bouges d'ici, je te mets au fond de mes chausses. »

Puis Pantagruel, ainsi privé de bâton, reprit le bout de son mât, et frappa torche, lorgne, sur le géant, mais il ne lui fit de mal en plus que vous feriez en donnant une chiquenaude sur une enclume de forgeron. Cependant Loupgarou tirait sa masse de terre et l'avait déjà retirée, il la parait pour en frapper Pantagruel, qui était soudain au remuement, et déclinait tous ses coups jusqu'à ce que, une fois voyant Loupgarou qui le menaçait disant : « Méchant, à cette heure, te hâcherai-je comme chair à pâté. Jamais tu n'altéreras les pauvres gens ! » Pantagruel le frappa du pied d'un si grand coup dans le ventre, qu'il le jeta en arrière à jambes rebindaines (1), et vous le traînait ainsi à l'écorche-*dos* plus d'un trait d'arc. Et Loupgarou s'écriait rendant le sang par la gorge : « Mahom ! Mahom ! Mahom ! » A ce cri tous les géants se levèrent pour le secourir, mais Panurge leur dit : « Messieurs, n'y allez pas, si vous m'en croyez, car notre maître est fort et il frappe à tort et à travers, et ne regarde pas où il vous donnera malencontre. » Mais les géants n'en tinrent compte, voyant que Pantagruel était sans bâton. Lorsque Pan-

(1) Les quatre fers en l'air.

tagruel les vit approcher, il prit Loupgarou par les
deux pieds, et levant son corps en l'air comme une
pique, et de celui-ci armé d'enclumes il frappait ces
géants armés de pierres de taille, et les abattait
comme maçon fait de copeaux, que nul n'arrêtait
devant lui. Donc à la rupture de ces hommes pier-
reux, il fut fait un si horrible tumulte, qu'il me souvint quand la grosse tour de beurre, qui était à Saint-
Étienne de Bourges, fondit au soleil.

Panurge, Carpalim et Eusthènes, égorgetaient pendant ce temps-là ceux qui étaient par terre. Faites
votre compte qu'il n'en échappe pas un seul, et à voir
Pantagruel, il semblait un faucheur qui, de sa faulx
(c'était Loupgarou) abattait l'herbe d'un pré (c'é-
taient les géants). Mais, à cette escrime, Loupgarou
perdit la tête. Ce fut quand Pantagruel en abattit un,
qui avait nom Riflandouille, qui était armé de haut
appareil, c'étaient pierres de grison (1) dont un éclat
coupa la gorge tout outre à Epistemon ; car autrement la plupart d'entre eux étaient armés à la légère : c'était de tuf (2) et les autres de pierres *ardoi-
sines*. Finalement voyant qu'ils étaient tous morts, il
jeta le corps de Lougarou tant qu'il put du côté de la
ville ; il alla tomber, comme une grenouille, sur le
ventre, en la grande place de la dite ville, et en
tombant du coup il tua un chat brûlé, une chatte
mouillée, une cane petière et un oison bridé.

(1) Grès.
(2) Pierre blanche, poreuse et fort tendre.

CHAPITRE XVI.

Comment Epistemon, qui avait la tête coupée, fut guéri habilement par
Panurge, et des nouvelles des diables et des damnés.

Cette déconfiture gigantesque parachevée, Pantagruel se retira où étaient les flacons, et appela Panurge et les autres, lesquels se rendirent à lui sains
et saufs, excepté Eusthènes, qu'un géant avait quelque peu égratigné au visage pendant qu'il l'égorge-
tait, et Épistemon qui ne comparut point. Dont Pantagruel fut si dolent qu'il se voulait tuer lui-même.
Mais Panurge lui dit : « Doux seigneur, attendez un
peu, et nous le chercherons parmi les morts et nous
verrons la vérité du tout. »

Ainsi donc, comme ils cherchaient, ils le trouvèrent tout roide mort, et sa tête entre ses bras toute
sanglante. Lors Eusthènes s'écria : « Ha, male mort,
tu nous as enlevé le plus parfait des hommes ! » A ce
cri Pantagruel se leva en plus grand deuil qu'on vit
jamais au monde. Mais Panurge dit : « Enfants, ne
pleurez goutte ; il est encore tout chaud, je vous le
guérirai aussi sain qu'il fut jamais. »

Ce disant, il prit la tête et la tint chaudement sur
son estomac, afin qu'elle ne prît vent. Eusthènes et
Carpalim portèrent le corps où ils avaient banqueté,
non par espoir qu'il guérît jamais, mais afin que Pan-

tagruel le vit. Toutefois, Panurge les reconfortait disant : « Si je ne le guéris, je veux perdre la tête (qui est le gage d'un fou). Laissez ces pleurs et aidez-moi. »

Adonc, il nettoya très-bien de beau vin blanc la tête et le col, et y synapisa de poudre qu'il portait toujours dans l'une de ses poches ; après les oignit de je ne sais quel oignement, et les plaça justement veine contre veine, nerf contre nerf, spondyle contre spondyle, afin qu'il ne fût *torticolis*, car il haïssait de telles gens à la mort. Cela terminé, il fit à l'entour quinze ou seize points d'aiguille afin qu'elle ne tombât de rechef : puis il mit à l'entour un peu d'onguent qu'il appelait ressuscitatif.

Soubdain Epistemon commença à respirer, puis ouvrir les yeux, puis bâiller, puis éternuer. Dont dit Panurge, « à cette heure est-il guéri assurément. » Et il lui donna à boire un verre d'un grand vilain vin blanc, avec une rôtie sucrée. De cette façon, Epistemon fut guéri habilement, excepté qu'il fut enroué plus de trois semaines, et eut une toux sèche, dont il ne put jamais guérir, sinon à force de boire. Et là, il commença à parler, disant : qu'il avait vu les diables, avait parlé familièrement à Lucifer et fait grande chère en enfer et par les Champs-Élysées. Et il assurait devant tous que les diables étaient bons compagnons. A l'égard des damnés, il dit qu'il était bien marri que Panurge l'eût si tôt rappelé à la vie. « Car je prenais, dit-il, un singulier passe-temps à les voir.

— Comment? dit Pantagruel. — On ne les traite, dit Epistemon, si mal que vous penseriez ; mais leur état est changé en étrange façon.

« Car je vis Alexandre le Grand qui rapetassait de vieilles chausses et ainsi gagnait sa pauvre vie,

« Xerxès criait la moutarde,

« Romulus était saulnier (1),

« Numa cloutier,

« Tarquin taquin,

« Pison paysan,

« Sylla riverain (2),

« Cyrus était vacher,

« Thémistocles verrier,

« Épaminondas miraillier (3),

« Brutus et Cassius, agrimenseurs (4),

« Démosthènes vigneron,

« Cicéron attise-feu,

« Artaxerxès cordier,

« Énée meunier,

« Achille teigneux (5),

« Agamemnon liche-casse (6),

« Ulysse faucheur,

« Nestor harpailleur (7),

(1) Marchand de sel.
(2) Batelier.
(3) Miroitier.
(4) Arpenteurs, mesureurs de champs.
(5) Teinturier.
(6) Lèche-casserolle.
(7) Vagabond.

« Darius cureur de retraits (1),

« Ancus Martius galefretier (2),

« Marcellus égousseur de fèves,

« Camille gallochier,

« Drusus trinquamelle (3),

« Scipion l'Africain criait la lie en un sabot,

« Asdrubal était lanternier,

« Annibal coquassier (4),

« Priam vendait les vieux drapeaux,

« Lancelot du Lac était écorcheur de chevaux morts,

« Tous les chevaliers de la Table-Ronde étaient pauvres gagne-deniers, tirant la rame pour passer les rivières de Cocyte, Phlegeton, Styx, Acheron et Léthé, quand messieurs les Diables se veulent ébattre sur l'eau comme font les bateliers de Lyon et gondoliers de Venise ; mais pour chaque passade, ils n'en ont qu'une nazarde, et sur le soir quelque morceau de pain chaumeni (5),

« Trajan était pêcheur de grenouilles,

« Antonin laquais,

« Comus gayetier (6),

« Pertinax écaleur de noix,

« Lucullus grillotier (7),

---

(1) Cureur d'égouts.
(2) Goudronneur de vaisseaux. Homme de rien.
(3) Fanfaron.
(4) Chaudronnier, fabricant de coquasses.
(5) Plein de paille, du latin *calamus*.
(6) Joueur de cornemuse.
(7) Rôtisseur.

« Justinien bimbelotier,

« Hector était fripe-sauce (1),

« Pâris était pauvre loqueteux,

« Achille botteleur de foin,

« Cambyse muletier,

« Néron était vielleux, et Fierabras son valet ; mais il lui faisait mille maux et lui faisait manger le pain bis, et boire le vin poussé ; lui mangeait et buvait du meilleur,

« Jules César et Pompée étaient goudronneurs de navires,

« Valentin et Orson servaient aux étuves d'enfer,

« Giglain et Gauvain étaient pauvres porchers,

« Geoffroy à la grand dent était allumetier,

« Godefroy de Bouillon dominotier,

« Baudouin était manillier,

« Dom Pedro de Castille porteur de rogatons,

« Morgant brasseur de bière,

« Huon de Bordeaux était relieur de tonneaux,

« Pyrrhus souillart de cuisine,

« Antiochus était ramoneur de cheminées,

« Remus était rataconneur de bobelins (2),

« Octavien ratisseur de papier,

« Nerva houssepaillier (3),

« Jean de Paris était graisseur de bottes,

« Artus de Bretagne dégraisseur de bonnets,

(1) Mauvais cuisinier.
(2) Savetier.
(3) Marmiton.

« Perceforêt porteur de cotrets,

« Ogier le Danois était fourbisseur de harnais,

« Le roi Tigranes était recouvreur,

« Galien Restauré preneur de taupes,

« Les quatre fils Aymon arracheurs de dents,

« Melusine était souillarde de cuisine,

« Matabrune lavandière de buées,

« Cléopâtre revenderesse d'oignons,

« Hélène, Sémiramis et Didon vendaient des mousserons (1),

« Penthésilée était cressonnière,

« Lucrèce hospitalière,

« Hortensia filandière.

« Je vis Diogènes qui se prélassait en robe de pourpre, un sceptre en la main droite et faisait enrager Alexandre le Grand quand il n'avait pas bien rapetassé ses chausses. Lorsque Épictète me vit il m'invita à boire avec lui bien courtoisement. Pendant ce temps-là Cyrus vint lui demander un denier en l'honneur de Mercure, pour acheter un peu d'oignons pour son souper. « Rien, rien, dit Épictète ; je ne donne point de deniers. Tiens, maraud, voilà un écu : sois homme de bien. »

« Cyrus fut bien aise d'avoir rencontré tel butin, je vis.... — Oh ! dit Pantagruel, réserve-nous ces beaux contes pour une autre fois. Seulement dis-nous comment y sont traités les usuriers ? — Je les vis, dit Épistemon, tous occupés à chercher les épingles

(1) Nom vulgaire d'un agaric.

rouillées et vieux clous parmi les ruisseaux des rues, comme vous voyez que font les misérables en ce monde. Mais le quintal de ces quincailleries ne vaut qu'un boussin (1) de pain ; encore est-il difficile de les vendre : ainsi les pauvres malotrus sont quelquefois plus de trois semaines sans manger morceau ni miette, et travaillent jour et nuit attendant le prochain marché ; mais de ce travail et de cette misère ils ne se souviennent tant ils sont actifs et maudits, pourvu qu'au bout de l'an ils gagnent quelque méchant denier. — Or, dit Pantagruel, faisons un transon de bonne chère, et buvons, je vous en prie, enfants ; car il fait bon boire tout ce mois. »

Lors ils dégaînèrent flacons à tas, et firent grande chère des munitions du camp. Mais le pauvre roi Anarche ne se pouvait réjouir, dont dit Panurge : « De quel métier ferons-nous monsieur du roi ici présent, afin qu'il soit déjà expert en l'art quand il sera par delà à tous les diables. — Vraiment, dit Pantagruel, c'est bien avisé à toi, or fais-en à ton plaisir, je te le donne. — Grand merci, dit Panurge, le présent n'est pas de refus, et je l'aime venant de vous. »

(1) Bouchée.

CHAPITRE XVII.

Comment Pantagruel entre en la ville des Amaurotes; et comment Panurge maria le roi Anarche, et le fit crieur de sauce verte.

Après cette victoire merveilleuse, Pantagruel envoya Carpalim en la ville des Amaurotes, dire et annoncer comment le roi Anarche était pris et tous les ennemis défaits. Laquelle nouvelle entendue, tous les habitants sortirent de la ville et vinrent au-devant de lui en bon ordre et en grande pompe triomphale, avec une liesse divine, et le conduisirent en la ville où furent faits beaux feux de joie, et de belles tables rondes garnies de vivres furent dressées par les rues. Ce fut un renouvellement du temps de Saturne, tant on y fit grande chère.

Mais Pantagruel, qui était là avec tout le Sénat, dit : « Messieurs, pendant que le fer est chaud il le faut battre; pareillement avant que de nous ébattre davantage, je veux que nous allions assaillir tout le royaume des Dipsodes. Que ceux qui veulent m'accompagner s'apprêtent pour demain après boire : car alors je commencerai à marcher. Non qu'il me faille davantage de gens pour m'aider à le conquérir; car autant vaudrait que je le tinsse déjà : mais je vois que cette ville est tellement pleine d'habitants qu'ils ne peuvent se tourner par les rues, donc je les

mènerai comme une colonie en Dipsodie, et leur
donnerai tout le pays qui est beau, salubre, fruc-
tueux et plaisant sur tous les pays du monde; ceux
d'entre vous qui y sont allés autrefois le savent parfaitement. Que ceux qui voudront venir se tiennent
prêts comme j'ai dit. »

Ce conseil et délibération fut divulgué par la
ville; et le lendemain ils se trouvèrent en la place
devant le palais jusqu'au nombre de dix-huit cent
cinquante et six mille et onze, sans les femmes et
petits enfants. Ainsi ils commencèrent à marcher
droit en Dipsodie, en si bon ordre qu'ils ressem-
blaient aux enfants d'Israël, quand ils partirent
d'Égypte pour passer la mer Rouge. Mais avant
que de poursuivre cette entreprise, je vous veux
dire comment Panurge traita son prisonnier, le roi
Anarche. Il se souvint alors de ce qu'avait raconté
Épistemon.

Un jour il habilla son dit roi d'un beau petit pourpoint de toile tout déchiqueté comme la cornette
d'un Albanais, et de belles chausses à la marinière,
sans souliers (car, disait-il, ils lui gâteraient la vue),
et un petit bonnet pers (1) avec une grande plume
de chapon. Je faulx (2), car il m'est avis qu'il y en
avait deux et une belle ceinture de pers et vert,
disant que cette livrée lui advenait bien, vu qu'il
avait été pervers. En tel point il l'amena devant

(1) Couleur entre le vert et le bleu.
(2) Je me trompe.

Pantagruel, et lui dit : « Connaissez-vous ce rustre ?
— Non certes, dit Pantagruel. — C'est Monsieur du
roi de trois cuites. Je le veux faire homme de bien
et le mettre à métier en le faisant crieur de sauce
verte. Or, commence à crier : Vous faut-il point de
sauce verte ? — Et le pauvre diable criait. — C'est
trop bas, dit Panurge, et il le prit par l'oreille,
disant : Chante plus haut en G (1), sol, ré, ut. C'est
cela, diable, tu as bonne gorge, tu n'as jamais été si
heureux que de n'être plus roi. »

Et Pantagruel prenait plaisir à tout cela. Car j'ose
bien dire que c'était le meilleur petit bonhomme
qui fut d'ici au bout d'un bâton. Ainsi fut Anarche
bon crieur de sauce verte. Deux jours après, Panurge
le maria avec une vieille lanternière, et lui-même fit
les noces. Pour les faire danser, il loua un aveugle
qui leur sonnait la note avec sa vielle.

Pantagruel leur donna une petite loge auprès de
la basse rue et un mortier de pierre à piler la sauce.
Et ils firent en ce point leur petit ménage : et
Anarche fut le plus gentil crieur de sauce verte qui
fut jamais vu au royaume d'Utopie. Mais l'on m'a
dit depuis que sa femme le bat comme plâtre, et
que le pauvre sot n'ose se défendre, tant il est niais.

(1) En sol.

CHAPITRE XVIII.

Comment Pantagruel de sa langue couvrit toute une armée, et ce que l'auteur vit dans sa bouche.

Lorsque Pantagruel entra, avec toutes ses bandes, sur les terres des Dipsodes, tout le monde en était joyeux, et incontinent ils se rendirent à lui, et de leur franc vouloir lui apportèrent les clefs de toutes les villes où il allait, exceptés les Almirodes qui voulurent tenir contre lui et firent réponse à ses héraults, qu'ils ne se rendraient, sinon à bonnes enseignes.

« Quoi, dit Pantagruel, en demandent-ils meilleures que la main au pot et le verre au poing? Allons, et qu'on me les mette à sac. » Adonc tous se mirent en ordre comme délibérés de donner l'assaut. Mais en chemin, passant à travers une grande campagne, ils furent saisis d'une grosse housée (1) de pluie. A quoi ils commencèrent à se trémousser et se serrer l'un l'autre. Ce que voyant, Pantagruel leur fit dire par ses capitaines que ce n'était rien, et qu'il voyait bien au-dessus des nuées que ce ne serait qu'une petite rosée, mais à toutes fins qu'ils se missent en ordre; qu'il les voulait couvrir. Alors ils se mirent en bon ordre et bien serrés. Et Pantagruel tira sa langue seulement à demi, et les en couvrit comme une poule fait ses poussins.

(1) Ondée.

Pendant ce temps-là, moi, qui vous fais ces tant
véritables contes, je m'étais caché sous une feuille
de bardane, qui n'était pas moins large que l'arche
du pont de Montrible : mais quand je les vis ainsi
bien couverts, je m'en allai vers eux pour me mettre
à l'abri, ce que je ne pus tant ils étaient nombreux :
comme l'on dit au bout de l'aune faut le drap. Donc,
le mieux que je pus, je montai par-dessus, et che-
minai bien deux lieues sur sa langue, tant que
j'entrai dans sa bouche. Mais, ô Dieux et Déesses,
que vis-je là! Jupiter me confonde de sa foudre
trisulque (1) si je mens. J'y cheminais comme l'on
fait en Sainte-Sophie à Constantinople et y vis de
grands rochers comme les monts des Danois, je
crois que c'étaient ses dents, et de grands prés, de
grandes forêts, de fortes et grosses villes non moins
grandes que Lyon ou Poitiers. Le premier que j'y
trouvai ce fut un bonhomme qui plantait des choux.
Dont tout ébahi je lui demandai : « Mon ami, que
fais-tu ici? — Je plante, dit-il, des choux. — Et à
quoi ni comment, dis-je? — Ha, dit-il, chacun ne
peut avoir un château, et nous ne pouvons tous être
riches. Je gagne ainsi ma vie, et les porte vendre
au marché, en la cité qui est ici derrière. — Jésus,
dis-je, y va-t-il ici un nouveau monde? — Certes,
dit-il, il n'est pas nouveau, mais on dit bien que
hors d'ici il y a une terre, où ils ont soleil et lune,
et tout plein de belles choses : mais celui-ci est plus

(1) A trois pointes, du latin *trisulcus*.

4.

ancien. — Voire mais, dis-je, mon ami, comment a nom cette ville où tu portes vendre tes choux? — Elle a, dit-il, nom Aspharage (1), les habitants sont gens de bien, ils vous feront grande chère. » Bref, je me décidai d'y aller.

Or, en mon chemin, je trouvai un compagnon qui tendait aux pigeons, auquel je demandai : « Mon ami, d'où vous viennent ces pigeons-ci? — Sire, dit-il, ils nous viennent de l'autre monde. » Je pensai alors que lorsque Pantagruel bâillait, les pigeons à pleine volée entraient dans sa gorge, pensant que ce fût un colombier.

Puis j'entrai en la ville que je trouvai belle, bien forte, et en bel air; mais à l'entrée les portiers me demandèrent mon bulletin, de quoi je fus fort ébahi, et leur demandai : « Messieurs, y a-t-il ici danger de peste? — O Seigneur, dirent-ils, l'on se meurt ici près tant que le chariot court par les rues (2). — Vrai Dieu, dis-je, et où? — Ils me dirent que c'était en Laringues et en Pharingues (3), qui sont deux grosses villes telles que Rouen et Nantes, riches et bien marchandes. Et la cause de la peste a été une infecte exhalaison qui est sortie des abîmes depuis naguères, dont sont mortes plus de vingt-deux cent soixante mille et seize personnes,

(1) Gosier, de *spharagos.*
(2) Pour ramasser les cadavres.
(3) Larinx, partie supérieure de la trachée artère; gosier. — Pharyux, partie supérieure de l'œsophage; arrière-bouche.

depuis huit jours. Alors je pense, je calcule et je trouve que cette exhalaison venant de l'estomac, n'était autre, sinon que Pantagruel avait trop mangé d'aillade en banquetant.

Partant de là, je passai entre les rochers qui étaient ses dents, et fis tant que je montai sur une, et là trouvai les plus beaux lieux du monde, beaux grands jeux de paume, belles galeries, belles prairies, force vignes, et une infinité de cassines à la mode italienne parmi des champs pleins de délices ; et là je demeurai bien quatre mois, et ne fis jamais telle chère qu'alors. Puis je descendis par les dents du fond pour venir aux bauliévres (1) : mais en passant je fus détroussé des brigands dans une grande forêt qui est vers la partie des oreilles. Puis trouvai une bourgade en la vallée (j'ai oublié son nom), où je fis encore meilleure chère que jamais, et gagnai quelque peu d'argent pour vivre. Savez-vous comment? à dormir : car on loue les gens à la journée pour dormir, et ils gagnent cinq ou six sols par jour : mais ceux qui ronflent bien fort gagnent bien sept sols et demi. Je racontai comment j'avais été détroussé par la vallée, on me répondit que, pour toute vérité, les gens de là étaient mal vivants, et brigands de nature. A quoi je reconnus que de même que nous avons les contrées en-deçà, et au-delà les monts : eux ont aussi en-deçà et au-delà les dents. Mais il fait beaucoup meilleur en deçà et il y

(1) Lèvres, basse lèvre.

a meilleur air. Là, je commençai à penser que c'est bien vrai ce que l'on dit, que la moitié du monde ne sait comment l'autre vit. Vu que nul n'avait encore écrit sur ce pays-là, auquel il y a plus de vingt-cinq royaumes habités, sans les déserts, et un gros bras de mer : Mais j'en ai composé un grand livre intitulé : L'histoire des Gorgias : car je les ai nommés ainsi parce qu'ils demeurent en la gorge de mon maître Pantagruel. Finalement, je voulus revenir à terre, et passant par sa barbe, me jetai sur ses épaules et de là descendis et tombai devant lui. — D'où viens-tu, Alcofribas? — Je lui réponds, de votre gorge, Monsieur. — Et depuis quand y es-tu? dit-il. — Depuis, dis-je, que vous alliez contre les Almirodes. — Il y a, dit-il, plus de six mois. Et de quoi vivais-tu? que buvais-tu ? — Je réponds : Seigneur, de même que vous, et des plus friands morceaux qui passaient par votre gorge j'en prenais le barrage. — Ha, ha, tu es gentil compagnon, dit-il. — Nous avons avec l'aide de Dieu conquis tout le pays des Dipsodes; je te donne la châtellenie de Salmigondin. — Grand merci, dis-je, Monsieur, vous me faites du bien plus que je ne vous ai rendu service. »

CHAPITRE XIX.

Comment Pantagruel transporta une colonie d'Utopiens en Dipsodie.

Pantagruel, après avoir entièrement conquis le pays de Dipsodie, y transporta une colonie d'Utopiens au nombre de 9,876,543,210 hommes sans les femmes et les petits enfants, artisans de tous métiers, et professeurs de toutes sciences libérales, pour rafraîchir le dit pays, le peupler et l'orner, car il était mal habité et en grande partie désert. Il les transporta non tant pour l'excessive multitude d'hommes et de femmes qui étaient en Utopie; non tant aussi pour la fertilité du sol, salubrité du ciel et commodité du pays de Dipsodie; que pour contenir le dit pays en obéissance, par le transport de ses anciens et féaux sujets. Lesquels de toute mémoire n'avaient connu, reconnu, avoué et servi que lui; et les quels, en naissant avaient sucé avec le lait de leurs mères nourrices la douceur et la débonnaireté de son règne; non seulement ils étaient tels, mais les enfants devant naître dans le nouveau pays auraient les mêmes qualités. Ce qui advint véritablement. Car si les Utopiens, avant cette translation avaient toujours été féaux et reconnaissants, les Dipsodes, après avoir conversé avec eux, l'étaient encore davantage; seulement ils se plaignaient de n'avoir connu plus tôt la renommée du bon Pantagruel.

Vous noterez ici, buveurs très-illustres, que la manière de retenir et d'entretenir un pays nouvellement conquis, n'est pas de le tyranniser, le pressurer et de le ruiner. Mais comme un enfant nouveau-né, il le faut allaiter, bercer, réjouir. Comme un arbre nouvellement planté, il le faut appuyer, assurer, défendre de toutes vimaires (1), injures et calamités. Comme une personne sauvée de longue et forte maladie, et venant à convalescence, il faut le choyer, épargner, restaurer, de sorte qu'il acquît cette opinion qu'il est préférable de vous avoir pour ami que pour ennemi.

CHAPITRE XX.

Comment Panurge fut fait châtelain de Salmigondin en Dipsodie, et mangeait son blé en herbe.

Pantagruel réglant le gouvernement de toute la Dipsodie, assigna la châtellenie de Salmigondin à Panurge, valant par chacun an 6,789,106,789 royaux (2) en deniers certains, non compris l'incer-

(1) Accident arrivé par force majeure, *vis major*.
(2) Monnaie d'or de Philippe le Bel.

tain revenu des hannetons et caqueroles (1) montant
bon an mal an de 2,435,768 à 2,435,769 moutons (2)
à la grande laine. Quelquefois revenait à 1,234,554,321
seraphs (3), quand il y avait bonne année de caqueroles et hannetons de requête : mais ce n'était tous
les ans. Et monsieur le nouveau châtelain se gou-
verna si bien et si prudemment, qu'en moins de
quatorze jours il dilapida le revenu certain et incer-
tain' de sa châtellenie pour trois ans. Non propre-
ment dilapida, comme vous pourriez dire, en
fondations de monastères, érections de temples,
bâtiments de colléges et hôpitaux, ou jetant son lard
aux chiens. Mais en mille petits banquets joyeux et
festins, ouverts à tous venants pourvu qu'ils fussent
bons compagnons; abattant bois, brûlant les grosses
souches pour vendre les cendres, prenant argent
d'avance, achetant cher, vendant à bon marché, et
mangeant son blé en herbe. Pantagruel averti de
l'affaire n'en fut aucunement indigné, fâché ni
marri. Je vous ai déjà dit et vous redis encore, que
c'était le meilleur petit et bon grand homme qui
ceignit jamais une épée. Il prenait toutes choses en
bonne part. Jamais il ne se tourmentait, jamais ne
se scandalisait. Seulement il tira Panurge à part, et

---

(1) Coquilles de limaçons, bagatelle. (Rabelais, Ed. J. Bry.) Dans le département de Saône-et-Loire on nomme caqueroles les hannetons. [H. F.]

(2) Monnaie d'or sur laquelle était frappé l'agneau divin.

(3) Monnaie d'Égypte, d'or fin.

doucettement lui remontra que s'il voulait vivre
ainsi et ne pas ménager, il lui serait impossible ou
pour le moins bien difficile d'être jamais riche. —
Riche? dit Panurge. Aviez-vous là formé votre pensée? Aviez-vous pris en soin de me faire riche en
ce monde? Pensez vivre joyeux, de par le bon Dieu
et les bons hommes. Autre soin, autre souci ne soit
reçu au sacro saint domicile de votre cerveau. Que
sa sérénité ne soit jamais troublée par nuages quel-
conques de pensement passementé de méhaing (1)
et fâcherie. Vous vivant joyeux, gaillard, dehait (2)
je ne serai que trop riche. Tout le monde crie : Ménage, ménage, mais tel parle de ménager, qui ne
sait mie ce que c'est.

C'est de moi qu'il faut prendre conseil et des
quatre vertus principales :

« De Prudence, en prenant argent d'avance. Car
on ne sait qui mord ni qui rue. Qui sait si le monde
durera encore trois ans? Et encore qu'il durât davantage, est-il homme tant fou, qui s'osât promettre
vivre trois ans?

> Onq'homme n'eut les dieux tant bien à main,
> Qu'assuré fut de vivre au lendemain.

« De Justice commutative, en achetant cher (je
dis à crédit) vendant bon marché (je dis argent
comptant).

(1) Chagrin.
(2) De bon cœur.

« Distributive, donnant à repaître aux Bons (notez bons) et gentils compagnons, les quels Fortune avait jetés comme Ulysse sur le roc de bon appétit, sans provision de mangeaille :

« De Force, en abattant les gros arbres comme un second Milon, ruinant les obscures forêts, tanières de loups, de sangliers, de renards, réceptacles de brigands et meurtriers, taupinières d'assassins, officines de faux monnayeurs, retraites d'hérétiques ; les complanissant (1) en claires garigues (2) et belles bruyères, jouant des hautbois et musettes, et préparant les siéges pour le jugement dernier.

« De Tempérance, mangeant mon blé en herbe comme un ermite, vivant de salades et racines et ainsi épargnant pour les estropiés et souffreteux. Car, ce faisant, j'épargne les sarcleurs qui gagnent argent, les mestiviers (3) qui boivent volontiers et sans eau, les glaneurs auxquels il faut de la fouace, les batteurs qui ne laissent ail, oignon, ni échalotes aux jardins, les meuniers qui sont ordinairement larrons, et les boulangers qui ne valent guère mieux. Est-ce petite épargne? Outre la calamité des mulots, le déchet des greniers, et la mangeaille des charançons et murrins.

« De blé en herbe vous faites belle sauce verte,

(1) Rasant.
(2) Landes.
(3) Moissonneurs.

de légère concoction, de facile digestion, laquelle nous épanouit le cerveau, réjouit la vue, ouvre l'appétit, délecte le goût, assure le cœur, chatouille la langue, fait le teint clair, fortifie les muscles, tempère le sang, rafraîchit le foie, désopile la rate : vous fait bon ventre, bien éternuer, sangloter, tousser, cracher, bâiller, moucher, haleiner, inspirer, respirer, ronfler, suer et mille autres rares avantages. — J'entends bien, dit Pantagruel, vous inférez que gens de peu d'esprit ne sauraient dépenser beaucoup en peu de temps. Vous n'êtes le premier qui ait conçu cette hérésie.

***

CHAPITRE XXI.

Comment Panurge loue les débiteurs et emprunteurs.

« Mais, demanda Pantagruel, quand serez-vous hors de dettes? — Aux Calendes grecques, répondit Panurge, lorsque tout le monde sera content et que vous serez héritier de vous-même. Dieu me garde d'en être hors. Alors je ne trouverais plus qui me prêtât un denier. Qui au soir ne laisse levain, ne fera jamais lever pâte au matin. Devez-vous toujours à quelqu'un? Par lui Dieu sera toujours prié de vous donner longue et heureuse vie, craignant de perdre

sa dette ; toujours il dira du bien de vous en toute
compagnie, toujours il vous procurera de nouveaux
créditeurs, afin que par eux vous fassiez versure (1),
et de terre d'autrui remplissiez son fossé. »

Pantagruel ne répondant rien, Panurge continua :
« Vrai bot (2), quand j'y pense, vous me remettez à
point en ronfle vue (3), me reprochant mes dettes et
créditeurs. Dea, en cette seule qualité je me répu-
tais auguste, révérend et redoutable, moi qui, sur
l'opinion de tous philosophes (qui disent rien de
rien n'être fait), n'ayant rien, ni matière première,
étais facteur et créateur. J'avais créé, quoi ? tant de
beaux et bons créditeurs. Les créditeurs sont (je le
maintiens jusques au feu exclusivement) créatures
belles et bonnes. Qui rien ne prête, est créature
laide et mauvaise, créature du grand vilain diantre
d'enfer. J'ai fait, quoi ? Dettes. O chose rare et anti-
quaire ! Dettes, dis-je, excédantes le nombre des
syllabes résultantes à l'accouplement de toutes les
consonnantes avec les vocales (4), jadis projeté et
compté par le noble Xenocrates. Au nombre des
créditeurs si vous estimez la perfection des débiteurs,
vous n'errerez en arithmétique pratique. Pensez-vous
que je suis aise, quand tous les matins autour de
moi je vois ces créditeurs tant humbles, serviables

(1) Faire versure, emprunter à l'un pour payer l'autre.
(2) Pour *gott*.
(3) Terme du jeu de triomphe.
(4) Les consonnes avec les voyelles.

et copieux en révérences? Et quand je note que
lorsque je fais à l'un meilleur accueil avec visage
plus ouvert qu'aux autres, le gredin pense être dépêché le premier, être le premier en date, et pense
que mon sourire soit argent comptant. Ce sont mes
parasites, mes salueurs, mes diseurs de bonjours
et mes orateurs perpétuels. Toutefois n'est débiteur qui veut; et ne fait créditeurs qui veut. Un
monde sans dettes! Ce jour-là il n'y aura plus de
cours régulier entre les astres. Tous seront en
désarroi. Jupiter ne s'estimant débiteur de Saturne
le déposera de sa sphère. Saturne se ralliera avec
Mars et mettront tout ce monde en perturbation.
Mercure ne voudra plus s'asservir aux autres. Vénus
ne sera plus vénérée : car elle n'aura rien prêté. La
lune restera sanglante et ténébreuse. A quel propos
le soleil lui départirait-il sa lumière ? il n'y serait en
rien tenu. Le soleil ne luira sur la terre, les astres
n'y auront aucune bonne influence ; car la terre
désisterait de leur prêter nourriture par vapeurs et
exhalaisons. Entre les éléments il n'y aura aucune
transmutation; car l'un ne se réputera obligé à
l'autre, il ne lui avait rien prêté. De terre, l'eau
ne sera pas faite, l'eau en air ne sera transformée,
de l'air ne sera fait le feu, le feu n'échauffera la
terre. La terre rien ne produira que monstres. Il
n'y pleuvra pluie, luira lumière, n'y ventera vent,
n'y sera été ni automne. Entre les humains, l'un ne
sauvera l'autre ; il aura beau crier à l'aide, au feu, à

l'eau, au meurtre ; personne n'ira au secours. Pourquoi ? Il n'avait rien prêté, on ne lui devait rien.
Bref de ce monde seront bannies foi, espérance,
charité; car les hommes sont nés pour l'aide et le
secours des hommes. A leur place nous aurons dé-
fiance, mépris, rancune, avec la cohorte de tous
maux, toutes malédictions, toutes misères. Les hommes seront loups aux hommes : loups-garous et
lutins, comme furent Lycaon, Bellérophon, Nabu-
chodonosor : brigands, assassins, empoisonneurs,
malveillants, malfaisants, malpensants, haine por-
tants : un chacun contre tous, comme Ismaël,
comme Métabus, comme Timon l'Athénien qui pour
cette cause fut surnommé Misanthrope. Ainsi, il
serait plus facile de nourrir les poissons en l'air,
paître les cerfs au fond de l'océan, que de supporter
cette truandaille de monde qui ne prête rien. Par
ma foi, je les hais bien. Et si, au modèle de fâcheux
et chagrin monde ne prêtant rien, vous figurez l'autre petit monde qui est l'homme, vous y trouverez
un terrible tintamarre. La tête ne voudra prêter la
vue de ses yeux pour guider les pieds et les mains ;
les pieds ne la daigneront porter; les mains cesse-
ront de travailler pour elle. Le cœur se fâchera de
tant se mouvoir pour les pouls des membres, et ne
leur prêtera plus. Le poumon ne lui fera prêt de
ses soufflets. Le foie ne lui enverra sang pour son
entretien. La vessie ne voudra être débitrice aux
rognons ; l'urine sera supprimée. Le cerveau, consi-

dérant ce train dénaturé, se mettra en rêverie et ne
donnera sentiments aux nerfs, ni mouvement aux
muscles. En somme, en ce monde dérayé, rien ne
devant, rien n'empruntant, rien ne prêtant, vous
verrez une conspiration plus pernicieuse que celle
figurée par Esope en son Apologue. Et il périra sans
doute ; non-seulement il périra, mais il périra bientôt, fût-ce Esculape lui-même. Et le corps entrera
soudain en putréfaction : l'âme tout indignée pren-
dra cours à tous les diables, après mon argent. »

CHAPITRE XXII.

Continuation du discours de Panurge à la louange des prêteurs et
débiteurs.

« Au contraire, représentez-vous un autre monde,
auquel chacun prête, chacun doive : tous sont débiteurs, tous sont prêteurs. Oh, quelle harmonie sera
parmi les réguliers mouvements des cieux ! Il m'est
avis que je l'entends aussi bien que fit jamais Platon.
Quelle sympathie entre les éléments ! Oh, comme la
nature s'y délectera en ses œuvres et productions !
Cérès chargée de blés, Bacchus de vins, Flore de
fleurs, Pomone de fruits, Junon, en son air serein,
sereine, salubre, plaisante. Je me perds en cette

contemplation. Entre les humains, paix, amour, fidé-
lité, repos, banquets, festins, joie, liesse, or, argent,
menue monnaie, chaînes, bagues, marchandises,
trotteront de main en main. Nulle guerre, nul procès, nul débat, nul n'y sera usurier, nul eschart (1),
nul chichart, nul refusant. Vrai Dieu, ne sera-ce
l'âge d'or, le règne de Saturne, l'idée des régions
olympiques, auxquelles toutes autres vertus cessent,
la charité seule règne, régente, domine, triomphe?
Tous seront bons, tous seront beaux, tous seront
justes. O monde heureux! O gens de ce monde
heureux! O béats trois et quatre fois! Il m'est avis
que j'y suis! La nature n'a créé l'homme que pour
prêter et pour emprunter. La vie consiste dans le
sang : le sang est le siége de l'âme; pourtant un seul
labeur peine ce monde, c'est forger sang continuellement. En cette forge tous les membres sont en
office propre ; et leur hiérarchie est telle, que sans
cesse l'un de l'autre emprunte, l'un à l'autre prête,
l'un à l'autre est débiteur. La matière, et métal
convenable pour être en sang transmuée, est donnée
par la nature : le pain et le vin. En ces deux sont
comprises toutes espèces d'aliments. Et de ce est dit
le *companage* (2) en langue goth. Pour les trouver,
préparer et cuire, les mains travaillent, les pieds
cheminent et portent le reste de la machine : les
yeux conduisent tout. L'appétit, en l'orifice de l'es-

(1) Eschart, avare, de l'ital. *scarso.*
(2) Pour manger avec le pain, *cum pane.*

tomac, moyennant un peu de mélancolie aigrette, qui lui est transmise de la ratelle, admoneste d'enfourner viande. La langue en fait l'essai; les dents la mâchent : l'estomac la reçoit, digère et chylifie. Les veines mésaraïques (1) en sucent ce qui est bon et idoine, délaissent les excréments, lesquels, par vertu expulsive, sont vidés hors par un conduit spécial : puis la portent au foie : il la transmue de rechef, et en fait du sang. Alors, chaque membre se prépare et s'évertue de nouveau à purifier et affiner ce trésor. Les rognons, par les veines émulgentes, en tirent l'aiguosité (2), que vous nommez urine. La vessie, en temps opportun, la vide dehors. La ratelle en tire le terrestre et la lie, que vous nommez mélancolie. La bouteille du fiel en soustrait la colère superflue. Puis est transporté dans une autre officine, pour être mieux affiné : c'est le cœur, lequel, par ses mouvements diastoliques et systoliques (3), le subtilise et enflamme, tellement que par le ventricule droit le met à perfection, et par les veines l'envoie à tous les membres. Chaque membre l'attire à soi, et s'en alimente à sa guise : pieds, mains, yeux, tout; et alors sont faits débiteurs, lorsqu'auparavant ils étaient prêteurs. Par le ventricule gauche, il le fait tellement subtil, qu'on le dit spirituel,

(1) Du milieu du ventre, de *mesa*, milieu, et *araia*, ventre. Mésentère, membrane à laquelle le canal intestinal est attaché.
(2) Abondance d'eau.
(3) En se dilatant et en se resserrant.

et l'envoie à tous les membres par ses artères, pour échauffer et éventer l'autre sang des veines. Le poumon ne cesse avec ses lobes et soufflets de le rafraîchir. En reconnaissance de ce bien, le cœur lui en départ le meilleur par la veine artérielle (1). Enfin tout est affiné dedans le rets merveilleux (2), que par après, sont faits les esprits animaux, moyennant lesquels elle imagine, discourt, juge, résout, délibère, ratiocine (3) et remémore. Vertugoi ! je me noie, je me perds, je m'égare, quand j'entre au profond abime de ce monde, ainsi prêtant, ainsi devant. Croyez que c'est chose divine que de prêter : devoir est vertu héroïque. »

CHAPITRE XXIII.

Comment Pantagruel déteste les débiteurs emprunteurs.

« J'entends, dit Pantagruel, et me semblez bon opiqueur (4) et affecté à votre cause. Mais prêchez et patrocinez (5) d'ici à la Pentecôte, vous serez ébahi

(1) L'aorte.
(2) Enlacement de vaisseaux près l'os sphénoïde. (Rabelais, Éd. , Bry.)
(3) Raisonne.
(4) Argumentateur.
(5) Plaidez, du latin *patrocinari.*

5

de ce que vous ne m'aurez persuadé en rien, et par
votre beau parler vous ne me ferez jamais entrer en
dettes. Rien, dit le saint envoyé, vous ne devez à
personne, fors amour et dilection mutuelle. Vous
m'usez ici de belles graphides et diatyposes (1) qui
me plaisent beaucoup. Mais je dis que si vous vous figurez un affronteur, effronté et importun emprunteur,
entrant de nouveau dans une ville déjà informée de
ses mœurs, vous trouverez qu'à son entrée les
citoyens seront plus en effroi et trépidation (2) que
si la peste y entrait en habillement. Et je suis d'avis
que les Perses n'erraient pas, estimant que le second
vice est mentir, le premier est devoir. Car dettes et
mensonges sont ordinairement ralliées ensemble. Je
ne veux pourtant inférer qu'il ne faille jamais prêter :
il n'est si riche, qui quelquefois ne doive; il n'est si
pauvre, de qui quelquefois on ne puisse emprunter.
L'occasion sera telle que l'a dit Platon en ses Lois,
quand il ordonne qu'on ne laisse les voisins puiser de
l'eau chez soi, si premièrement ils n'avaient fossoyé
et bêché en leurs propres pâtis, jusqu'à trouver cette
espèce de terre qu'on nomme céramite (c'est terre à
potier), et là n'eussent rencontré source ou course
d'eau. Car cette terre, par sa substance, qui est
grasse, forte, lisse et dense, retient l'humidité et n'en
est facilement faite l'exhalaison. Ainsi est-ce grande
vergogne de toujours, en tous lieux, emprunter à

(1) Métaphores et descriptions.
(2) Alarme, du latin *trepidatio*.

chacun, plutôt que de travailler et gagner. On devrait, sur mon jugement, ne prêter, que lorsque la personne qui, travaillant, n'a pu par son labeur faire gain, ou quand elle est soudainement tombée en perte inopinée de ses biens. Pourtant laissons ce propos, et dorénavant ne vous attachez à créditeurs : du passé je vous délivre.

« — Le moins de mon plus, dit Panurge, en cet article, sera de vous remercier, et si les remercîments doivent se mesurer à l'affection des bienfaiteurs, ce sera infiniment, sempiternellement : car l'amour que vous me portez en me grâciant est hors le dé d'estimation ; il transcende tout poids, tout nombre, toute mesure ; il est infini, sempiternel. Mais le mesurant au calibre des bienfaits et contentement des recevants, ce sera assez lâchement. Vous me faites beaucoup de biens, plus qu'il ne m'appartient, plus que je ne vous ai servi, plus que ne le requéraient mes mérites (force est que je le confesse), mais pas autant que vous le pensez en cet article. Ce n'est là que me deult (1), me cuit et me démange ; car dorénavant, étant quitte, quelle contenance aurai-je ? Croyez que j'aurai mauvaise grâce pour les premiers mois, vu que je n'y suis ni nourri, ni accoutumé. J'en ai grand'peur. C'est pourquoi je vous prierais que vous me laissiez quelque centurie de dettes : comme le roi Louis XI, jetant hors de procès Milès d'Illiers, évêque de Chartres, fut impor-

_____

(1) Douloir, souffrir, du latin *dolere*.

tuné de lui en laisser quelques-uns pour s'exercer. J'aime mieux leur donner toute ma caquerolière avec ma hannetonnière; toutefois en ne déduisant rien du sort principal. — Laissons, dit Pantagruel, ce propos : je vous l'ai déjà dit une fois. »

CHAPITRE XXIV.

Comment Pantagruel monta sur mer pour visiter l'oracle de la dive Bacbuc.

Au mois de juin suivant, au jour des fêtes vestales, Pantagruel prenant congé du bon Gargantua, son père, celui-ci priant bien pour la prospère navigation de son fils et de toute sa compagnie, monta sur mer au port de Thalasse (1), accompagné de Panurge, Jean des Entommeures, Épistemon, Gymnaste, Eusthènes, Rhizotome, Carpalim et autres de ses anciens serviteurs et domestiques; puis Xenomanes, le grand voyageur et traverseur de voies périlleuses, qui était arrivé quelques jours auparavant au mandement de Panurge. Xenomanes, pour certaines et bonnes causes, avait laissé et signé à Gargantua, en sa grande et universelle Hydrographie, la route qu'ils tiendraient visitant l'oracle de la dive bouteille Bacbuc.

(1) Du grec *thalassa*, mer.

La flotte se composait de trirèmes, ramberges, galions et liburniques (1) ; grandes et petites naufs (2), bien équipées, bien calfatées. L'assemblée de tous les officiers, truchements, pilotes, capitaines, nauchers, fadrins (3), hespaliers (4) et matelots fut en la Thalamége (5). Ainsi était nommée la grande et maîtresse nauf de Pantagruel, ayant en poupe pour enseigne une grande et ample bouteille à moitié d'argent bien lis et poli : l'autre était d'or émaillé de couleur incarnat. En quoi il était facile de juger que blanc et clairet étaient les couleurs des nobles voyageurs et qu'ils allaient pour consulter l'oracle de la dive bouteille.

Sur la poupe de la seconde était haut enlevée une lanterne antique de pierre phengétide et spéculaire (6) : dénotant qu'ils passeraient par Lanternois. La troisième avait pour devise un beau et profond hanap de porcelaine. La quatrième, un potet d'or à deux anses, comme s'il fût une urne antique. La cinquième, un broc insigne de prime d'émeraude. La sixième, un bourrabaquin (7) monacal fait de quatre métaux ensemble. La septième, un entonnoir d'ébène tout brodé d'or à ouvrage de tau-

(1) Vaisseaux à rames.
(2) Du latin *navis,* vaisseau.
(3) Officiers de galère.
(4) Chefs des rames.
(5) Vaisseau qui porte des lits, de *thalamos,* lit ; et *ago,* je porte.
(6) Transparente.
(7) Grand verre à boire cylindrique.

chie (1). La huitième, un gobelet de lierre bien précieux battu d'or à la damasquine. La neuvième, une brinde (2) de fin or obrizé (3). La dixième, une breusse (4) de odorant agalloche (vous l'appelez bois d'aloës) profilée d'or de Chypre à ouvrage d'Azemine (5). La onzième, une portoire (6) d'or faite à la mosaïque. La douzième, un barrault (7) d'or terni, couvert d'une vignette de grosses perles indiques en ouvrage topiaire (8).

De manière que personne n'était, quelque triste, fâchée, rechignée, ou mélancolique qu'elle fût; Héraclite le pleurait y fut-il, qui n'entrât en joie, et de bonne rate ne sourit, voyant ce noble convoi de navires en leurs devises; ne dit que les voyageurs étaient tous buveurs, gens de bien; et ne jugeât en pronostic assuré que le voyage, tant de l'aller que du retour, serait en allégresse et santé parfaite. En la Thalamége donc fut l'assemblée de tous. Là Pantagruel leur fit une sainte et brève exhortation tout autorisée de propos extraits de la Sainte Écriture, sur l'argument de navigation. Laquelle finie, fut faite une haute et claire prière à Dieu qui fut

(1) Damasquiné.
(2) Vase à anses.
(3) Affiné.
(4) Une grande tasse.
(5) De Perse.
(6) Hotte de vendangeur.
(7) Mesure pour le liquide.
(8) Représentant des arbrisseaux taillés.

entendue de tous les bourgeois et citadins de Thalasse, qui étaient accourus sur le môle pour voir
l'embarquement. Après l'oraison fut mélodieusement chanté le psaume du saint roi David, qui commence par : *Quand Israël hors d'Égypte sortit*. Le
psaume parachevé, les tables furent dressées sur le
tillac et les viandes promptement apportées. Les
Thalassiens, qui avaient pareillement chanté le sus-
dit psaume, firent apporter de leurs maisons force
vivres et vinage. Tous burent à eux : ils burent à
tous. C'est la cause pourquoi personne de l'assemblée ne rendit gorge sur mer, et n'eut perturbation
d'estomac ni de tête.

Leurs buvettes souvent réitérées, chacun se retira dans son navire ; et en bonne heure firent voile
au vent grec levant (1), suivant lequel le pilote principal nommé Jamet Brayer avait désigné la route et
dressé la calamite (2) de toutes les boussoles. Car
son avis et celui de Xenomanes fut, vu que l'oracle
de la dive Bacbuc était près le Catay, dans l'Inde
supérieure, de ne pas prendre la route ordinaire des
Portugais, lesquels passant la ceinture ardente et le
cap de Bonne-Espérance sur la pointe méridionale
de l'Afrique, outre l'équinoxial (3), et perdant la
vue et guide de l'aisseuil (4) septentrional, font une

(1) Nord-Est.
(2) Aiguille aimantée.
(3) L'Équateur.
(4) Pôle.

énorme navigation. Mais de suivre au plus près le
parallèle de la dite Inde en tournant autour de ce
pôle par l'Occident : de manière que, tournant sous
le Nord, ils l'eussent en pareille élévation comme il
est au port d'Olonne, sans plus en approcher de
peur d'entrer et être retenus dans la mer Glaciale ;
et suivant ce canonique détour par même parallèle,
l'eussent à droite vers le Levant, lorsqu'il était à
gauche à leur départ. Ce qui leur vint à profit
incroyable : car sans naufrage, sans danger, sans
perte de leurs gens, en grande sérénité (excepté un
jour près de l'île des Macréons (1), ils firent le
voyage de l'Inde supérieure en moins de quatre
mois, lequel les Portugais feraient à peine en trois
ans, avec mille fâcheries et dangers innumérables.
Et je suis convaincu, sauf meilleur jugement, que
ce fut cette route que suivirent ces Indiens qui navi-
guèrent en Germanie, et furent honorablement traités
par le roi de Suède, au temps que Q. Metellus Celer
était proconsul des Gaules, comme le décrivent
C. Nepos, P. Mela et Pline après eux.

(1) *Macros,* long, et *aiôn*, temps. Qui vit longtemps.

CHAPITRE XXV.

Comment Pantagruel, en l'île de Medamothi, acheta plusieurs belles
choses.

Ce jour-là et les deux suivants, il ne leur apparut
aucune terre ni chose nouvelle ; car autrefois ils
avaient parcouru cette route. Au quatrième jour ils
découvrirent une île nommée Medamothi (1), belle
à l'œil et plaisante, à cause du grand nombre de
phares et de tours marbrines, desquels tout le circuit était orné, qui n'était pas moins grand que le
Canada. Pantagruel s'enquérant qui en était dominateur, entendit que c'était le roi Philophanes, alors
absent pour le mariage de son frère Philotheamon
avec l'infante du royaume de Engys. Alors il descendit au havre, et pendant que les chormes (2)
des navires faisaient de l'eau, il contempla divers
tableaux, diverses tapisseries, divers animaux, poissons, oiseaux et autres marchandises exotiques, et
pérégrines, qui étaient en l'allée du môle et par les
halles du port. Car c'était le troisième jour des
grandes et solennelles foires du lieu, auxquelles
venaient tous les plus riches et fameux marchands
d'Afrique et d'Asie ; auxquels Jean des Entommeures acheta deux rares et précieux tableaux : en

(1) Qu'on ne voit nulle part.
(2) Chiourmes.

l'un desquels était peint au vif le portrait d'un appelant; en l'autre était le portrait d'un valet qui
cherche maître en toutes qualités requises, gestes,
maintien, minois, allures, physionomie et affections; peint et inventé par Charles Charmois, peintre
du roi Mégiste (1); et les paya en monnaie de singe.
Panurge acheta un tableau peint et copié d'après le
travail jadis fait à l'aiguille par Philomela, exposant
et représentant à sa sœur Progné le crime de son
beau-frère Térée, qui lui avait coupé la langue afin
qu'elle ne révélât son crime. Je vous jure par le
manche de ce fallot, que c'était une peinture miri-
fique. Vous la pourrez voir en Thélème, à main
gauche, en entrant dans la haute galerie. Épistemon
en acheta un autre auquel étaient peintes au vif les
idées de Platon et les atômes d'Épicure. Rhizotome
en acheta un autre, auquel était Écho selon le naturel représentée. Pantagruel fit acheter par Gymnaste
la vie et gestes d'Achilles en soixante et dix-huit
pièces de tapisserie de hautes-lisses, longues de
quatre, larges de trois toises, toutes de soie phry-
gienne brodée d'or et d'argent. La tapisserie com-
mençait aux noces de Pelée et Thétis, continuant
la nativité d'Achilles, sa jeunesse décrite par Stace
Papinie; ses gestes et faits d'armes célébrés par
Homère; sa mort et obsèques décrits par Ovide et
Quinte Calabrois, finissant en l'apparition de son
ombre, et le sacrifice de Polyxène, descrit par Euri-

(1) Le très-grand roi.

pides. Il fit aussi acheter trois beaux et jeunes unicornes : un mâle de poil alezan brûlé, et deux
femelles de poil gris pommelé avec un tarande que
lui vendit un Scythe de la contrée des Gelones. Le
tarande est un animal grand comme un jeune taureau, ayant la tête comme celle d'un cerf, avec
cornes insignes largement ramées ; les pieds four-
chus, le poil long comme celui d'un grand ours ; la
peau un peu moins dure que le corps d'une cui-
rasse. Et, disait le Gelon, on en trouve peu dans la
Scythie, parce qu'il change de couleur et de variété
selon les lieux où il paît et demeure. Et représente
la couleur des herbes, arbres, arbrisseaux, fleurs,
lieux, pâtis et rochers, généralement de toutes choses
qu'il approche. Cela lui est commun avec le poulpe
marin (c'est le polype), avec les thoës (1), avec les
lycaons (2) de l'Inde, avec le caméléon, espèce de
lézard tellement admirable que Démocrite a fait un
livre entier de sa figure, anatomie, vertus et pro-
priétés en magie. Je l'ai vu changer de couleur, à la
vérité, non à l'approche seulement des choses colo-
rées, mais de lui-même, selon la peur et affections
qu'il avait. Comme sur un tapis vert, je l'ai vu certainement verdoyer ; mais y restant quelque espace
de temps, devenir jaune, bleu, tanné, violet par
accès, en la façon que vous voyez la crête des coqs

(1) Espèce de loup, suivant Pline.
(2) C'est probablement les loups que Rabelais désigne ainsi. Lycaon,
roi d'Arcadie, ayant été métamorphosé en loup.

d'Inde changer de couleur selon leurs passions. Ce que nous trouvâmes surtout admirable chez ce tarande, c'est que non-seulement sa face et sa peau, mais aussi tout son poil, prenait la couleur des choses voisines. Près de Panurge vêtu de bure, le poil lui devenait gris; près de Pantagruel vêtu de sa mante d'écarlate, le poil et la peau lui rougissait; près du pilote vêtu de blanc, son poil apparut tout blanc. Les deux dernières couleurs sont déniées au caméléon. Quand, hors de toute peur et affections, il était en son naturel, la couleur de son poil était telle que vous voyez les ânes de Meung.

CHAPITRE XXVI.

Comment Pantagruel reçut lettres de son père Gargantua, et de l'étrange manière de savoir des nouvelles bien soudain des pays étrangers et lointains.

Pendant que Pantagruel était occupé à acheter ces animaux, on entendit du môle dix coups de verses et fauconneaux (1) avec grande et joyeuse acclamation de tous les navires. Pantagruel se tourne vers le port et voit que c'était un des céloces (2) de son père Gargantua, nommé la Chélidoine, parce que sur la

(1) Pièces d'artillerie.
(2) Petits bâtiments très-légers, du latin *celox*.

poupe on avait placé une hirondelle de mer en sculpture d'airain corinthien. C'est un poisson grand comme un *dar* de Loire (1), tout charnu, sans écailles, ayant ailes cartilagineuses (comme celles des chauves-souris) fort longues et larges, moyennant lesquelles je l'ai souvent vu voler une toise au-dessus de l'eau, plus d'un trait d'arc. A Marseille on le nomme lendole. De même, ce vaisseau était léger comme une hirondelle, de sorte qu'il semblait plutôt voler que voguer sur mer. Il transportait Malicorne, écuyer tranchant de Gargantua, envoyé expressément par lui pour connaître l'état et portement de son fils le bon Pantagruel, et lui porter lettres de créance.

Pantagruel, après la petite accolade et barretade (2) gracieuse, avant d'ouvrir les lettres ni autre propos tenir à Malicorne, lui demande : « Avez-vous ici le gozal, céleste messager? — Oui, répondit-il, il est enfermé dans ce panier. » C'était un pigeon pris au colombier de Gargantua, éclouant (3) ses petits au moment du départ dudit céloce. Si fortune adverse fût advenue à Pantagruel, l'on eût attaché des jects (4) noirs *aux pieds* du pigeon; mais comme tout lui était venu à bien et à prospérité, l'ayant fait retirer du panier, il lui attacha *aux pieds*

(1) Le *dar* de Loire est un poisson blanc très-estimé.
(2) Coups de bonnets.
(3) Faisant éclore, couvant.
(4) Bandelette à la patte d'un oiseau.

6

une bandelette de taffetas blanc; et sans plus dif-
férer, sur l'heure le laissa en pleine liberté de l'air.
Le pigeon, soudain, s'envole hachant (1) en incroyable
hâtivité, comme vous savez qu'il n'est vol que de pigeon, quand il a œufs ou petits, pour l'obstinée sol-
licitude, posée en lui par la nature, de recourir et
secourir ses pigeonneaux. De manière qu'en moins
de deux heures il franchit par l'air le long chemin
que le céloce avait parfait, en extrême diligence, en
trois jours et trois nuits, voguant à rames et à voiles,
et ayant continuellement le vent en poupe. Il fut vu
entrant dans le colombier au propre nid de ses petits. Alors le preux Gargantua sachant qu'il portait la
bandelette blanche, resta en joie et sûreté du bon
portement de son fils. Tel était l'usage des nobles
Gargantua et Pantagruel, quand ils voulaient avoir
promptement des nouvelles de quelque chose fort
affectée et véhémentement désirée, comme l'issue de
quelque bataille, tant par mer que par terre, la prise
ou défense de quelque place forte, l'appointe-
ment (2) de quelques différends d'importance, l'ac-
couchement heureux ou infortuné de quelque reine
ou grande dame, la mort ou convalescence de leurs
amis ou alliés malades, et ainsi des autres. Ils pre-
naient le gozal, et par les postes (3), le faisaient, de
main en main, porter jusque sur les lieux dont ils

(1) Fendant l'air.
(2) L'accord.
(3) Courriers.

affectaient les nouvelles. Le gozal, portant bandelette noire ou blanche, selon les occurrences ou accidents, les ôtait de pensement à son retour, faisant
en une heure plus de chemin par l'air, que n'avaient
fait par terre trente postes en un jour naturel. Cela
était racheter et gagner temps. Et croyez, comme
chose vraisemblable, que par les colombiers de leurs
cassines, on trouvait sur œufs ou petits, tous les mois
et saisons de l'an, les pigeons à foison. Ce qui est
facile en ménagerie, moyennant le salpêtre en roche, et la sacrée herbe verveine. Le gozal lâché,
Pantagruel lut les missives de son père Gargantua,
desquelles la teneur suit :

« FILS TRÈS-CHER, l'affection que naturellement
porte le père à son fils bien-aimé est en mon endroit
tant accrue, par l'égard et révérence des grâces par-
ticulières en toi par élection divine posées, que,
depuis ton partement m'a, non une fois, *tollu* (1) tout
autre pensement. Me délaissant au cœur cette unique
et soigneuse peur, que votre embarquement ait été
de quelque *meshaing* (2) ou fâcherie accompagné :
comme tu sais qu'à la bonne et sincère amour est
crainte perpétuellement annexée. Et pour ce que,
selon le dit de Hésiode, d'une chacune chose le commencement est la moitié du tout, et selon le proverbe commun, à l'enfourner on fait les pains cor-
nus, j'ai pour de telle anxiété vider mon entende-

(1) Enlevé, de *tollere*.
(2) Chagrin.

ment, expressément dépêché Malicorne, à ce que par lui je sois acertainé de ton portement sur les premiers jours de ton voyage. Car, s'il est prospère et tel que je le souhaite, facile me sera prévoir, pronostiquer et juger du reste. J'ai recouvert quelques livres joyeux, lesquels te seront par le présent porteur rendus. Tu les liras, quand te voudras rafraîchir de tes meilleures études. Le dit porteur te dira plus amplement toutes nouvelles de cette cour. La paix de l'Éternel soit avec toi. Salue Panurge, Jean, Epistemon, Xenomanes, Gymnaste, et autres tes domestiques mes bons amis. De ta maison paternelle, ce treizième de juin.

« Ton père et ami,

« GARGANTUA. »

CHAPITRE XXVII.

Comment Pantagruel écrit à son père Gargantua, et lui envoie plusieurs belles et rares choses.

Après la lecture des lettres susdites, Pantagruel tint plusieurs propos avec l'écuyer Malicorne, et fut avec lui si longtemps, que Panurge les interrompant, dit : « Et quand boirez-vous? Quand boirons-nous? Quand boira monsieur l'écuyer? N'est-ce pas assez sermonné pour boire? — C'est bien dit, répondit

Pantagruel. Faites dresser la collation en cette prochaine hôtellerie, en laquelle pend pour enseigne l'image d'une satyre à cheval. » Pendant ce temps-là, pour dépêcher le dit écuyer, il écrivit à Gargantua comme s'ensuit :

« PÈRE TRÈS-DÉBONNAIRE, comme à tous accidents en cette vie transitoire non doutés, ni soupçonnés, nos sens et facultés animales pâtissent plus énormes et impotentes perturbations (voire jusques à en être souvent l'âme désemparée du corps, quoique telles subites nouvelles fussent à contentement et souhait), que si eussent auparavant été propensés et prévus : ainsi m'a grandement ému et perturbé l'inopinée venue de votre écuyer Malicorne. Car, je n'espérais voir aucun de vos domestiques, ni de vos nouvelles ouïr avant la fin de cestui notre voyage. Et facilement acquiesçais en la douce recordation de votre auguste Majesté, écrite, voire certes insculptée(1) et engravée au postérieur ventricule de mon cerveau ; souvent au vif me la représentant en sa propre et naïve figure.

« Mais, puisque m'avez prévenu par le bénéfice de vos gracieuses lettres, et par la créance de votre écuyer, mes esprits récréés en nouvelles de votre prospérité et santé, ensemble de toute votre royale maison, force m'est, ce que par le passé m'était volontaire, premièrement louer le benoît servateur, lequel par sa divine bonté, vous conserve en ce long teneur

(1) Gravée, *insculptus.*

de santé parfaite; secondement, vous remercier
sempiternellement de cette fervente et invétérée
affection qu'à moi portez, votre très-humble fils et
serviteur inutile. Jadis un Romain, nommé Furnius,
dit à César Auguste recevant à grâce et pardon
son père, lequel avait suivi la faction de Antonius :
« Aujourd'hui, me faisant ce bien, tu m'as réduit en
telle ignominie, que force me sera, vivant, mourant,
être ingrat réputé par omnipotence de gratuité. »
Ainsi pourrais-je dire que l'excès de votre paternelle
affection me range en cette *angustie* (1) et nécessité
qu'il me conviendra vivre et mourir ingrat. Sinon
que de tel crime sois relevé par la sentence des
stoïciens, lesquels disaient trois parties être en bénéfice : l'une du donnant, l'autre du recevant, la
tierce récompensant; et le recevant très-bien ré-
compenser le donnant quand il accepte volontiers le
bienfait, et le retient en souvenance perpétuelle.
Comme au rebours le recevant être le plus ingrat du
monde, qui oublierait et mépriserait le bénéfice. Etant
donc opprimé d'obligations infinies toutes procréées
de votre immense bénignité, et impotent à la mi-
nime partie de récompense, je me sauverai pour le
moins de calomnie, en ce que de mes esprits n'en
sera jamais la mémoire abolie, et ma langue ne ces-
sera confesser et protester que vous rendre grâces condignes (2) est chose transcendant ma faculté et puis-

(1) Angoisse.
(2) Également dignes.

sance. Au reste j'ai cette confiance en la commiséra-
tion et aide de Notre Seigneur, que de cette notre
pérégrination la fin correspondra au commencement ; et sera le totage (1) en allégresse et santé parfait. Je ne fauldrai (2) à réduire en commentaires et
éphémérides tout le discours de notre navigage, afin
qu'à notre retour vous en ayez lecture véridique. J'ai
ici trouvé un tarande de Scythie, animal étrange et
merveilleux à cause des variations de couleur en sa
peau et poil, selon la distinction des choses pro-
chaines. Vous le prendrez en gré. Il est autant ma-
niable et facile à nourrir qu'un agneau. Je vous envoie pareillement trois jeunes unicornes, plus domestiques et apprivoisées que ne seraient petits
chatons. J'ai conféré avec l'écuyer, et dit la manière
de les traiter. Elles ne pâturent en terre, obstant (3)
leur corne au front. Force est que pâture elles
prennent aux arbres fruitiers, ou en râteliers
idoines, ou en main, leur offrant herbes, pommes,
poires, gerbes, orge, touzelle (4), bref toutes espèces
de fruits et de légumages. Je m'ébahis comment nos
écrivains antiques les disent tant farouches, féroces
et dangereuses, et onques (5) vives n'avoir été vues.
Si bon vous semble, ferez épreuve du contraire,
pourvu que malicieusement on ne les offense. Pa-

(1) Le total.
(2) Manquerai.
(3) S'opposant, *obstans.*
(4) La touselle est une espèce de froment dont l'épi est sans barbes
(5) Jamais.

reillement vous envoie la vie et gestes d'Achilles en tapisserie bien belle et industrieuse. Vous assurant que les nouveautés d'animaux, de plantes, d'oiseaux, de pierreries que trouver pourrai et recouvrer en toute notre pérégrination, toutes je vous porterai, aidant Dieu Notre Seigneur, lequel je prie en sa sainte grâce vous conserver. De Medamothi, ce quinzième de juin. Panurge, Jean, Épistemon, Xenomanes, Gymnaste, Eusthènes, Rhizothome, Carpalim, après le dévot baisemain vous resaluent en usure centuple.

« Votre humble fils et serviteur,

« PANTAGRUEL. »

Pendant que Pantagruel écrivait les lettres susdites, Malicorne fut de tous festoyé, salué et accolé à double rebras. Dieu sait comment tout allait et comment recommandations de toutes parts trottaient en place. Pantagruel, après avoir achevé ses lettres, banqueta avec l'écuyer. Il lui donna une grosse chaîne d'or pesant huit cents écus, en laquelle par les chaînons septenaires étaient gros diamants, rubis, émeraudes, turquoises, unions (1), alternativement enchâssés. A chacun de ses nochers il fit donner cinq cents écus au soleil (2). Pantagruel envoya le tarande, couvert d'une housse de satin broché d'or, avec la tapisserie contenant la vie et

(1) Du latin *unio*, perle.
(2) Monnaie d'or de Louis XI.

gestes d'Achilles, et les trois unicornes caparaçonnées
de drap d'or frisé. Ainsi départirent de Médamothi,
Malicorne pour retourner vers Gargantua, Pantagruel pour continuer son voyage. En haute mer il
fit lire par Epistemon les livres apportés par l'é-
cuyer. Desquels, parce qu'il les trouva joyeux et
plaisants, je vous donnerai volontiers la copie, si
vous m'en requérez dévotement.

CHAPITRE XXVIII.

Comment Pantagruel rencontra une nauf de voyageurs retournants dn
pays de Lanternois; et comment Panurge marchande avec Dindenault
un de ses moutons.

Au cinquième jour, tournoyant peu à peu le pôle
et nous éloignant de l'équinoxial, nous découvrîmes
un navire marchand faisant voile vers nous. La joie
ne fut petite, tant des marchands comme de nous :
de nous, apprenant des nouvelles de mer; des marchands, entendant des nouvelles de terre ferme.
Nous ralliant avec eux, nous sûmes qu'ils étaient
Français Saintongeois. Devisant et raisonnant ensemble, Pantagruel apprit qu'ils venaient de Lanternois,
d'où il y eut nouvel accroissement d'allégresse;
nous enquérant du pays et mœurs du pays lanternier,
nous apprîmes que sur la fin du mois de juillet qui

6.

approchait était l'assignation du chapitre général des lanternes, et que si alors nous y arrivions (comme cela nous était facile) nous verrions belle, honorable et joyeuse compagnie de lanternes, et que l'on faisait grands apprêts, comme si l'on y dût profondément lanterner. Il nous fut aussi dit que, passant au grand royaume de Gebarim, nous serions honorifiquement reçus et traités par le roi Ohabé, dominateur de cette terre, lequel, de même que ses sujets, parle le langage français tourangeau.

Pendant que nous entendions ces nouvelles, Panurge prit débat avec un marchand de Taillebourg, nommé Dindenault. L'occasion du débat fut que ledit Dindenault voyant Panurge avec des lunettes attachées à son bonnet le plaisanta auprès de ses compagnons. Panurge *oyait* (1), des oreilles, à cause de ses lunettes, beaucoup plus clair que de coutume, riposta au marchand qui voulut dégaîner son épée. Mais elle tenait au fourreau, comme vous savez que sur mer tout harnais se rouille facilement à cause de l'humidité excessive et extrême. Panurge accourt vers Pantagruel pour être secouru. Jean mit la main à son grand sabre fraîchement aiguisé et eût félonnement occis le marchand, si le patron de la nauf et autres passagers n'eussent supplié Pantagruel de donner des ordres pour qu'il n'y eût aucun scandale en son vaisseau. Le différend fut dès lors terminé, Panurge et le marchand se touchèrent la main, et

(1) Entendait.

burent l'un à l'autre de tout cœur, en signe de parfaite réconciliation.

Mais Panurge dit à Jean et à Epistemon : « Retirez-vous ici un peu à l'écart, et passez joyeusement le temps à ce que vous verrez. Il y aura beau
jeu, si la corde ne rompt. » Puis il s'adressa au
marchand, et de rechef but à sa santé un plein
hanap de bon vin lanternois. Puis il le pria dévotement de lui faire la grâce de lui vouloir bien vendre
un de ses moutons. Le marchand lui répondit :
« Hélas ! hélas ! mon ami, notre voisin, comme vous
savez bien *trupher* (1) des pauvres gens. Vraiment
vous êtes un gentil chaland. O le vaillant acheteur
de moutons ! Vrai bis vous portez le minois, non pas
d'un acheteur de moutons, mais bien d'un coupeur
de bourses. Deu, Colas m' faillon, qu'il ferait bon
porter bourse pleine auprès de vous en la triperie
sur le dégel ! Han, han, à qui ne vous connaîtrait,
vous feriez bien des vôtres. Mais voyez han, bonnes
gens, comme il taille de l'historiographe (2). —
Patience dit Panurge. Mais, à propos, de grâce spéciale, vendez-moi un de vos moutons. Combien ? —
Comment, répondit le marchand, l'entendez-vous,
notre ami, mon voisin ? Ce sont moutons à la grand'-
laine. Jason y prit la Toison d'or. L'ordre de la maison de Lorraine en fut extrait. Moutons du Levant,

(1) Plaisanter.
(2) De même que les historiographes, comme il cherche à en faire
accroire.

moutons de haute futaie, moutons de haute graisse.
— Soit, dit Panurge : mais de grâce vendez m'en un
et pour cause ; bien et promptement je vous payerai
en monnaie du Ponant, de taillis, de basse graisse.
Combien? — Notre voisin, mon ami, répondit le
marchand, écoutez un peu de l'autre oreille. —
PANURGE. A votre commandement. — LE MARCHAND.
Vous allez en Lanternois. — PANURGE. Voire. — LE
MARCHAND. Voir le monde? — PANURGE. Voire. — LE
MARCHAND. Joyeusement. — PANURGE. Voire. — LE
MARCHAND. Vous avez, ce crois-je, nom Robin Mou-
ton. — PANURGE. Il vous plaît à dire. — LE MARCHAND.
Sans vous fâcher. — PANURGE. Je l'entends ainsi. —
LE MARCHAND. — Vous êtes, ce crois-je, le joyeux (1)
du roi. — PANURGE. Voire. — LE MARCHAND. Four-
chez là. Ha, ha, vous allez voir le monde, vous êtes
le joyeux du roi, vous avez nom Robin Mouton ;
voyez ce mouton-là, il a nom Robin comme vous,
Robin, Robin, Robin, bès, bès, bès ! Oh, la belle voix !
PANURGE. Bien belle et harmonieuse. — LE MAR-
CHAND. Voici un pacte qui sera entre vous et moi,
notre voisin et ami. Vous qui êtes Robin Mouton,
serez en cette coupe de balance ; le mien mouton
Robin en l'autre ; je gage un cent d'huîtres de Buch,
que, en poids, en valeur, en estimation, il vous emportera haut et court : en pareille forme que vous
serez quelque jour suspendu et pendu. — Patience,
dit Panurge. Mais vous feriez beaucoup pour moi et

(1) Fou, bouffon.

pour votre postérité, si vous me le vouliez vendre,
ou quelque autre du bas chœur. Je vous en prie, sire
monsieur. — Notre ami, répondit le marchand, mon
voisin, de la toison de ces moutons seront faits les
fins draps de Rouen ; les louchets des balles de Lin-
cestre, auprès d'elle, ne sont que bourre. De la peau
seront faits les beaux maroquins, que l'on vendra
pour maroquins turcs, ou de Montelimart, ou d'Espagne pour le pire. Des boyaux, on fera cordes de
violons et de harpes, lesquelles tant chèrement on
vendra, comme si elles fussent cordes de Munich ou
de Naples. Qu'en pensez-vous ? — S'il vous plaît, dit
Panurge, vous m'en vendrez un, j'en serai bien fort
tenu au *courrail de votre huis* (1). Voici argent
comptant. Combien ? » Ce disant, il montrait une
escarcelle pleine de nouveaux Henricus (2).

CHAPITRE XXIX.

Continuation du marché entre Panurge et Dindenault. ·

« Mon ami, répondit le marchand, notre voisin,
ce n'est viande que pour rois et princes. La chair en
est tant délicate tant savoureuse et tant friande que

(1) Verrou de votre porte.
(2) Monnaie frappée à l'effigie du roi Henri.

c'est baume. Je les amène d'un pays auquel les pour-
ceaux (Dieu soit avec nous) ne mangent que myro-
bolants (1). Les truies en leur gésine (sauf l'honneur
de toute la compagnie) ne sont nourries que de
fleurs d'orangers. — Mais, dit Panurge, vendez m'en
un, et je vous le payerai en roi, foi de piéton. Combien. — Notre ami, répondit le marchand, mon
voisin, ce sont moutons extraits de la propre race de
celui qui porta Phryxus et Hellé (2), par la mer dite
Hellesponte. — Cancre! dit Panurge, vous êtes
clericus vel addiscens. — *Ita* sont choux, répondit le
marchand, *vere* ce sont poireaux. Mais, rr. rrr. rrrr.
rrrrr. Ho, Robin. rr. rrrrrr. Vous n'entendez ce langage. A propos, par tous les champs auxquels ils
urinent, le blé y provient en quantité. Il n'y faut
autre marne ni fumier. Plus il y a. De leur urine les
quintessentiaux (3) tirent le meilleur salpêtre du
monde. De leurs crottes (mais qu'il ne vous déplaise)
les médecins de nos pays guérissent soixante et dix-
huit espèces de maladies. Qu'en pensez-vous, notre
voisin, mon ami? Aussi me coûtent-ils bon. —
Coûte et vaille, répondit Panurge. Seulement vendez-
m'en un, le payant bien. — Notre ami, dit le mar-

(1) Fruits de l'Inde.
(2) Phryxus et Hellé, sa sœur, enfants d'Athamas roi de Thèbes, ne
pouvant plus souffrir les mauvais traitements d'Ino leur belle-mère, se
sauvèrent de leur pays sur un bélier dont la toison était d'or, afin de
passer le détroit de la mer Noire. Hellé se noya dans ce passage qui fut
depuis appelé Hellespont.
(3) Chimistes.

chand, mon voisin, considérez un peu les merveilles de nature existant en ces animaux que vous voyez, y a-t-il un membre que vous estimeriez inutile? Prenez-moi ces cornes-là et les concassez un peu avec un pilon de fer, ou avec un landier, ce m'est tout un. Puis enterrez-les en vue du soleil, où vous le voudrez, et arrosez-les souvent. Vous en verrez naître les meilleures asperges du monde. Je n'en daignerais excepter celles de Ravenne. — Patience, dit Panurge. — Je ne sais, dit le marchand, si vous êtes clerc. J'ai vu prou (1) de clercs, je dis grands clercs. Oui dea. A propos, si vous étiez clerc, vous sauriez qu'aux membres les plus inférieurs de ces animaux divins, ce sont les pieds, il y a un os, le talon, l'astragale, si vous voulez, que nul autre animal du monde ne possède, fors l'âne de l'Inde et les dorcades (2) de Libye, avec cet os on jouait anciennement au royal jeu de *tales* (3), auquel l'empereur Octavien-Auguste gagna un soir plus de cinquante mille écus. Vous autres, coquins, n'avez garde d'en gagner autant. — Patience, dit Panurge, mais expédions. — Et quand, dit le marchand, je vous aurai, notre ami, mon voisin, dignement loué les membres internes : les épaules, les éclanches, les gigots, le haut côté, la poitrine, le foie, la ratelle, la vessie, dont on joue à la balle ; les côtelettes, dont

(1) Assez.
(2) Espèce de chevreuil.
(3) Jeu des osselets.

on fait en Pygmion (1) les beaux petits arcs pour tirer des noyaux de cerises contre les grues; la tête dont... — Bren, bren, dit le patron de la nauf au marchand, c'est trop ici barguigné. Vends-lui si tu veux : si tu ne veux, ne l'amuse plus. — Je le veux, répondit le marchand, pour l'amour de vous. Mais il en payera trois livres tournois (2) de la pièce, en choisissant. — C'est beaucoup, dit Panurge; en nos pays j'en aurais bien cinq, voire six pour telle somme de deniers. Avisez que ce ne soit trop. Vous n'êtes pas le premier de ma connaissance, qui trop tôt voulant devenir riche et parvenir, est à l'envers tombé en pauvreté : voire quelquefois s'est rompu le col. — Tes fortes fièvres quartaines ! dit le marchand, lourdaud, sot que tu es. Par le digne *voult* (3) de Charroux, le moindre de ces moutons vaut quatre fois que le meilleur de ceux que jadis les Coraxiens en Tuditanie, contrée d'Espagne, vendaient un talent d'or la pièce. Et que penses-tu, ô sot à la grande paye, que valait un talent d'or? — Benoît monsieur, dit Panurge, vous vous échauffez en votre harnais, à ce que je vois et connais. Bien tenez, voilà votre argent. »

Panurge, ayant payé le marchand, choisit de tout le troupeau un beau et grand mouton, et l'emportait criant et bêlant, tous les autres l'entendant, bêlèrent

(1) Royaume des Pygmées, nains hauts d'une coudée.
(2) Monnaie frappée à Tours.
(3) Visage, de *vultus*.

ensemble et regardèrent à quel endroit on menait leur compagnon. Ce pendant le marchand disait à ses moutonniers : « Oh! qu'il a bien su choisir, le chaland ! Il s'y entend, le paillard. Vraiment, le bon vraiment (1), je le réservais pour le seigneur de Candale, comme connaissant bien son naturel. Car, de sa nature, il est tout joyeux et ébaudi, quand il tient en main une épaule de mouton bien séante et advenante, comme une raquette gauchière (2), et avec un couteau bien tranchant, Dieu sait comment il s'en escrime.

CHAPITRE XXX.

Comment Panurge fit en mer noyer le marchand et ses moutons.

Soudain, je ne sais comment (le cas fut subit, je n'eus loisir de le considérer), Panurge, sans autre chose dire, jette en pleine mer son mouton criant et bêlant, tous les autres moutons criant et bêlant en pareille intonation commencèrent à sauter et à se jeter en mer à la file. La foule (3) était à qui y sau-

(1) La *vraie vérité*.

(2) L'épaule de mouton en sa main ressemble à une raquette tenue de la main gauche.

(3) La presse, la hâte.

terait après son compagnon. Il n'était pas possible de les en garder. Comme vous savez être le naturel du mouton toujours suivre le premier, quelque part qu'il aille. Aussi, Aristotes, *lib.* 9, *de Histor. anim.,* dit que c'est le plus sot et inepte animal du monde. Le marchand, tout effrayé de ce que, devant ses yeux, il voyait périr et noyer ses moutons, s'efforçait de les empêcher et retenir de tout son pouvoir. Mais c'était en vain. Tous sautaient à la file dans la mer et périssaient. Finalement, il en prit un grand et fort par la toison sur le tillac de la nauf, pensant ainsi le retenir et par conséquent sauver le reste. Le mouton fut si puissant qu'il emporta en mer avec lui le marchand qui fut noyé, en pareille forme que les moutons de Polyphème (1), le borgne cyclope, emportèrent hors de la caverne Ulysse et ses compagnons. Autant en firent les autres bergers et moutonniers, les prenant, les uns par les cornes, les autres par les jambes, les autres par la toison. Lesquels furent tous portés en mer et noyés misérablement.

Panurge, à côté du fougon, tenant un aviron en main, non pour aider aux moutonniers, mais pour les engarder de grimper sur la nauf et évader (2) le naufrage, les prêchait éloquentement comme s'il fût un petit frère Olivier Maillard, ou un second frère

---

(1) Polyphème était, selon Euripide, le père et le plus puissant des Cyclopes, géant sayant un œil au milieu du front.
(2) Éviter.

Jean Bourgeois (1), leur remontrant par lieux de
rhétorique les misères de ce monde, le bien et
l'heur (2) de l'autre, affirmant que les trépassés sont
plus heureux que les vivants en cette vallée de misère, et à chacun d'eux promettant d'ériger un beau
cénotaphe et sépulcre honoraire au plus haut du
mont Cenis, à son retour de Lanternois; leur op-
tant (3) ce néanmoins que s'ils étaient fâchés de ne
plus vivre avec les humains et être ainsi noyés, ils
rencontreront, à propos, une baleine, laquelle, au
troisième jour suivant, les rendrait sains et saufs en
quelque pays de sables, à l'exemple de Jonas.

La nauf vidée du marchand et des moutons :
« Reste-t-il ici, dit Panurge, *ulle* (4) âme mouton-
nière? Où sont ceux de Thibault l'Agnelet et ceux
de Regnauld Belin, qui dorment quand les autres
paissent? Je n'en sais rien. C'est un tour de vieille
guerre. Que t'en semble, frère Jean ? — Tout bien
de vous, répondit Jean. Je n'ai rien trouvé de mauvais, sinon qu'il me semble qu'ainsi comme jadis on
soulait (5) en guerre, au jour de bataille ou assaut,
promettre aux soudards double paye pour ce jour :
s'ils gagnaient la bataille l'on avait prou de quoi
payer ; s'ils la perdaient c'eût été honte de la de-

(1) Prédicateurs célèbres, règne de Louis XI et Louis XII. O. Maillard
mourut en 1502.
(2) Bonne fortune, du grec *ora*.
(3) Souhaiter, du latin *optare*.
(4) Aucune, du latin *ulla*.
(5) Avait coutume, *solere*.

mander (la paye bien entendu), comme firent les fuyards Gruyers (1) après la bataille de Serizolles ; de même vous deviez réserver le payement ; l'argent vous eût demeuré en bourse. — C'est, dit Panurge, bien travaillé pour l'argent. Vertu-Dieu, j'ai eu des passe-temps pour plus de 50,000 francs. Retirons-nous, le vent est propice. Jean, écoute ici. Jamais homme ne me fit de plaisir sans récompense, ou reconnaissance pour le moins. Je ne suis point ingrat et ne le fus jamais, ni ne le serai. Jamais homme ne me fit déplaisir sans repentance, en ce monde ou en l'autre. Je ne suis point *fat* (2) jusque là. — Tu, dit Jean, te damnes comme un vieux diable. Il est écrit : *Mihi vindicta, etc.* — Matière de bréviaire. »

CHAPITRE XXXI.

Comment Pantagruel arriva dans l'île Ennasin (3).

Zéphyr nous continuait en participation d'un peu de Garbin (4), et nous avions passé un jour sans terre découvrir. Au troisième jour, à l'aube des mouches,

(1) Soldats suisses du bailliage de Gruyères. (Rab. Éd. J. Bry.)
(2) Sot, insensé, du latin *fatum*, prophétique. (*Id.*)
(3) Des camus.
(4) Légère brise.

une île triangulaire nous apparut, bien fort ressemblante quant à la forme et à assiette à la Sicile. On la nommait l'île des Alliances. Les hommes et les femmes ressemblent aux Poitevins rouges, excepté que les hommes, les femmes et les petits enfants, ont le nez en la forme d'un as de trèfle. Pour cette cause le nom antique de l'île était Ennasin. Et étaient tous parents et alliés ensemble, comme ils se vantaient, et nous dit librement le podestat du lieu : « Vous autres, gens de l'autre monde, tenez pour une chose admirable, que d'une famille romaine (c'étaient les Fabiens (1)), pour un jour (ce fut le treizième du mois de février), par une porte (ce fut la porte Carmentale, jadis située au pied du Capitole entre la roche Tarpéienne et le Tibre, depuis surnommée Scélérate), contre certains ennemis des Romains (c'étaient les Veïentes Etrusques), sortirent trois cent six hommes de guerre tous parents, avec cinq mille autres soudards, tous leurs vassaux, qui tous furent occis (ce fut près le fleuve Crémère, qui sort du lac de Baccune). De cette terre, pour un besoin, sortiront plus de trois cent mille tous parents et d'une même famille. »

Leurs parentés et alliances étaient d'une façon

(1) La famille Fabia était une illustre famille patricienne de Rome, ainsi nommée, dit-on, parce que ses ancêtres enseignèrent les premiers, en Italie, la culture des fèves. Cette famille, divisée en six branches, fut presque tout entière détruite à Cremera ; il n'en resta qu'un membre, Q. Fabius Vibulanus, pour la relever de sa ruine.

bien étrange : car étant ainsi tous parents et alliés
l'un de l'autre, nous trouvâmes qu'aucun d'eux n'é-
tait père ni mère, frère ni sœur, oncle ni tante, cousin
ni neveu, gendre ni bru, parrain ni marraine de l'autre. Sinon vraiment un grand vieillard énasé, lequel,
comme je vis, appela une petite fille âgée de trois ou
quatre ans, mon père : la petite fillette l'appelait
ma fille. D'autres fois, ils s'appelaient mon bureau,
ma coignée, ma mie, ma croûte, ma savate, mon
soulier, ma bottine, ma couenne, mon lard, ma
pelle, mon soufflet, etc., tous autres noms. Après
avoir bien curieusement considéré l'assiette de l'île
et les mœurs du peuple Enasé, nous entrâmes en un
cabaret pour quelque peu nous rafraîchir. Là on faisait des noces à la mode du pays. Au demeurant
chère et demie. Nous présents, il fut fait un joyeux
mariage d'une poire, femme bien gaillarde, à ce qu'il
nous semblait, avec un jeune fromage à poil follet
rougeâtre. J'en avais autrefois ouï la renommée, et
plusieurs pareils mariages avaient été faits ailleurs.
Encore dit-on en notre pays, qu'il ne fut jamais tel
mariage, qu'est celui de la poire et du fromage. En
une autre salle, je vis qu'on mariait une vieille botte
avec un jeune et souple brodequin. Il nous fut dit
que ce n'était pour sa beauté ni pour sa bonne grâce
qu'il l'épousait ; mais par avarice et convoitise d'a-
voir tous les écus dont elle était toute contrepointée.

CHAPITRE XXXII.

mment Pantagruel descendit en l'île de Cheli, en laquelle régnait le
roi Panigon.

Le Garbin nous soufflait en poupe, quand, laissant
s mal plaisants alliancbiers, avec leurs nez en as de
èfle, nous montâmes en haute mer. Sur le déclin
1 soleil, nous fîmes escale en l'île de Cheli, île
ande, fertile, riche et populeuse, en laquelle ré-
lait le roi Panigon. Lequel, accompagné de ses en-
nts et princes de sa cour, s'était transporté jusque
ès le havre pour recevoir Pantagruel. Sur l'entrée
1 donjon s'offrit la reine, accompagnée de ses
les et dames de cour. Panigon voulut que sa
mme et toutes les dames de la cour embrassassent
ntagruel et ses gens. Telle était la courtoisie et
iutume du pays. Ce qui fut fait, excepté Jean qui
ibsenta et écarta parmi les officiers du roi. Pani-
in voulait en toute instance retenir Pantagruel pour
jour et le lendemain. Pantagruel fonda son excuse
ir la sérénité du temps, et opportunité du vent, le-
iel est plus souvent désiré des voyageurs que ren-
intré, et il le faut employer quand il advient, car
n'advient toutes et quantes fois qu'on le souhaite.
cette remontrance (1), après avoir bu vingt-cinq ou

(1) Observation.

trente fois, chaque homme, Panigon nous donne congé.

Pantagruel retournant au port et ne voyant Jean, demanda où il était, et pourquoi il n'était pas avec la compagnie. Panurge ne savait comment l'excuser, et voulait retourner au château pour l'appeler, quand Jean accourut tout joyeux, et s'écria en grande gaîté de cœur : « Vive le bon Panigon ! Par la Mort bœuf de bois, il pousse en cuisine. J'en viens, tout y va par écuelle. J'espérais bien y cotonner à profit le moule de mon *gippon* (1). — Ainsi, mon ami, dit Pantagruel, toujours à ces cuisines. — Corps de galline, répondit Jean, je préfère cela à tous les baise-mains, révérences, accolades, car toutes ces révérences me fâchent plus qu'un jeune diable. Je voulais dire un jeûne double. Vous avez embrassé les demoiselles, volontiers je m'en déporte, craignant qu'il m'advienne ce qui advint au seigneur de Guyercharois. — Quoi ? demanda Pantagruel, je le connais, il est de mes meilleurs amis. — Il était, dit Jean, invité à un somptueux et magnifique banquet, que faisait un sien parent et voisin, auquel étaient pareillement invités les gentilshommes, dames et demoiselles du voisinage. Celles-ci, attendant sa venue, déguisèrent les pages de l'assemblée, les habillèrent en demoiselles bien pimpantes et atourées. Les pages *endemoisellés* se présentèrent à lui à l'entrée. Il les embrassa tous en grande courtoisie et révérences.

(1) De mon jupon.

magnifiques. Sur la fin, les dames qui l'attendaient dans la galerie éclatèrent de rire, et firent signe aux pages, pour qu'ils ôtassent leurs atours. Ce que voyant, le bon seigneur, par honte et dépit, ne daigna embrasser ces dames et demoiselles naïves : alléguant, ou qu'on lui avait ainsi déguisé les pages, que par la mort bœuf de bois ce devaient être là les valets encore plus finement déguisés. Vertu Dieu, pourquoi ne transportons-nous nos humanités en belles cuisines, et là ne considérons-nous le branlement des broches, l'harmonie des *contrehastiers*, la position des lardons, la température des potages, les préparatifs du dessert, l'ordre du service du vin? »

CHAPITRE XXXIII.

Pourquoi les moines sont volontiers en cuisine.

« C'est, dit Epistemon, naïvement parlé. Vraiment vous me réduisez en mémoire ce que je vis et ouïs en Florence, il y a environ douze ans. Nous étions bien bonne compagnie de gens studieux, amateurs de pérégrinité, et convoiteurs de visiter les gens doctes, antiquités et singularités d'Italie. Et lors nous contemplions curieusement l'assiette et beauté de Florence, la structure du dôme, la somp-

7

tuosité des temples et palais magnifiques. Et entrions
en contention (1), qui plus aptement les extolle-
rait (2) par louanges condignes (3). Quand un moine
d'Amiens, nommé Bernard Lardon, comme tout
fâché et monopolé (4), nous dit : « Je ne sais que
diantre vous trouvez ici tant à louer. J'ai aussi bien
contemplé comme vous, et ne suis aveugle plus que
vous. Et puis, qu'est-ce? Ce sont belles maisons.
C'est tout. Mais Dieu, et monsieur saint Bernard,
notre patron, soit avec nous! En toute cette ville encore n'ai-je vu une seule rôtisserie, et j'ai cependant
curieusement regardé et considéré. Voici, je vous
dis, comme épiant et prêt à compter et nombrer,
tant à droite qu'à gauche, combien et de quel côté
nous rencontrerions de rôtisseries rôtissantes. Dans
Amiens, en quatre fois moins de chemin, voire trois,
que nous avons fait en nos contemplations, je pour-
rais montrer plus de quatorze rôtisseries antiques et
aromatisantes. Je ne sais quel plaisir vous avez pris
en voyant les lions et *africanes* (ainsi nommiez-vous,
ce me semble, ce qu'ils appellent tigres) près le bef-
froi : pareillement, voyant les porcs-épics et autru-
ches au palais du seigneur Philippe Strozzi. Par moi,
nos *fieux*, j'aimerais mieux voir un beau et gros
oison en broche. Ces porphyres, ces marbres sont

(1) Débat.
(2) Exalterait, *extollere*.
(3) Également dignes.
(4) Irrité.

beaux. Je n'en dis point de mal : mais les *darioles*
d'Amiens sont meilleures à mon goût. Ces statues
antiques sont bien faites, je le veux croire : mais que
pensez-vous de la beauté des bachelettes de nos
pays ?

— Que signifie, demanda Jean, et que veut dire,
que toujours vous trouvez moines en cuisines ;
jamais n'y trouvez rois, ni empereurs ? — C'est peut-
être, répondit Rhyzotome, que les marmites et contrehastiers ont quelque vertu latente et propriété
spécifique absconse, qui, comme l'aimant attire le
fer, y attire les moines et ne saurait attirer les rois
et empereurs.

— Je vous dirai, répondit Pantagruel (sans répondre au problème proposé, car il est un peu cha-
touilleux : et à peine y toucheriez-vous sans vous
épiner), qu'il me souvient d'avoir lu que Antigone,
roi de Macédoine, entrant un jour en la cuisine de
ses tentes et y rencontrant le poëte Antagoras,
lequel fricassait un congre, lui-même tenait la poële,
lui demanda en toute allégresse : « Homères fricas-
sait-il des congres lorsqu'il décrivait les prouesses
d'Agamemnon ? — Mais, répondit Antagoras au roi,
estimes-tu qu'Agamemnon, lorsqu'il faisait telles
prouesses, fût curieux de savoir' si personne en son
camp fricassait des congres ? » Au roi, il semblait
indécent que le poëte fît pareille fricassée dans sa
cuisine : le poëte lui remontrait que c'était une chose
bien plus abhorrente de rencontrer le roi dans la cui-

sine. — Je damerai celle-ci, dit Panurge, en vous racontant ce que Breton Villaudry répondit un jour au seigneur duc de Guise. Leur propos était de quelque bataille du roi François contre l'empereur Charles cinquième, en laquelle Breton était *gorgiasement* (1) armé, mêmement de grèves (2) et sollerets (3) acérés, monté aussi à l'avantage, et n'avait toutefois été vu au combat. « Par ma foi, répondit Breton, j'y ai été, facile me sera le prouver, voire en lieu auquel vous n'eussiez osé vous trouver. » Le seigneur duc, prenant en mal cette parole, comme trop brave (4) et témérairement proférée, et se *haulsant* de propos (5) : Breton facilement en grande risée l'apaisa, disant : « J'étais avec le bagage; auquel lieu votre honneur n'eût porté soi cacher, comme je faisais. »

En ces menus devis, ils arrivèrent à leurs navires. Et ne firent plus long séjour en cette île de Chéli.

(1) Magnifiquement.
(2) Armures des jambes.
(3) Armures des pieds.
(4) Trop hardie.
(5) Hors de propos.

CHAPITRE XXXIV.

Comment Pantagruel passa Procuration, et de l'étrange manière de vivre
entre les Chicanous.

Pleins et refaits du bon traitement du roi Panigon,
nous continuâmes notre route ; le jour subséquent,
nous passâmes Procuration, qui est un pays tout
chaffouré (1) et barbouillé. Je n'y connus rien. Là
nous vîmes des Procultous (2) et des Chicanous (3),
gens à tout poil. Ils ne nous invitèrent ni à boire ni
à manger. Seulement, en longue multiplication de
doctes révérences, nous dirent qu'ils étaient tous à
notre commandement, en payant. Un de nos truchements racontait à Pantagruel comment ce peuple
gagnait sa vie de façon bien étrange, et en plein dia-
mètre opposé aux Vénitiens. A Venise, gens infinis
gagnent leur vie à empoisonner, à battre et à tuer ;
les Chicanous la gagnent à être battu. De manière
que, si pendant longtemps ils demeuraient sans être
battus, ils mourraient de male faim, eux, leurs
femmes et leurs enfants. La manière, dit le truche-
ment, est celle-ci. Quand un usurier, un avocat ou
toute autre personne veut mal à quelque gentilhomme

(1) Défiguré.
(2) Procureur, *pro cultor.*
(3) Plaideurs.

de son pays, il envoie vers lui un de ces Chicanous. Chicanous le citera, l'ajournera, l'insultera, l'outragera, l'injuriera impudentement, suivant son record et instruction, tant que le gentilhomme, s'il n'est paralytique de sens et plus stupide qu'une rane gyrine (1), sera contraint de lui donner bastonnades et coups d'épée sur la tête, ou la belle jarretade, ou mieux le jeter par les créneaux ou fenêtres de son château. Cela fait, voilà Chicanous riche pour quatre mois. Comme si coups de bâton fussent ses naïves moissons. Car il aura de l'usurier, de l'avocat, etc., salaire bien bon, et réparation du gentilhomme aucunes fois si grande et excessive, que le gentilhomme y perdra tout son avoir avec danger de pourrir misérablement en prison, comme s'il eût frappé le roi.

— Contre tel inconvénient, dit Panurge, je sais un remède très-bon, duquel usait le seigneur de Basché. — Quel? demanda Pantagruel. — Le seigneur de Basché, dit Panurge, était homme courageux, vertueux, magnanime, chevalereux. En revenant de certaine longue guerre, en laquelle le duc de Ferrare, par l'aide des Français, se défendit vaillamment contre les furies du pape Jules second, par chaque jour était cité, ajourné, chicané, à l'appétit et passetemps du prieur de Saint-Lovant. Un jour, déjeunant avec ses gens (comme il était bon et débonnaire), il manda quérir son boulanger, nommé Loire, et sa

(1) Têtard de grenouille.
(2) Coups sur les jarrets.

femme, puis le curé de sa paroisse, nommé Oudard,
qui lui servait de sommelier, comme c'était alors la
coutume en France, et lui dit en présence de ses
gentilshommes et autres domestiques :

« Enfants, vous voyez en quelle fâcherie me jet-
tent journellement ces fâcheux Chicanous. J'en suis
là résolu, que si vous ne m'y aidez, je délibère aban-
donner le pays, et prendre le parti du Soudan à tous
les diables. Désormais, quand céans ils viendront,
soyez prêts vous Loire et votre femme, pour vous
présenter en ma grande salle avec vos belles robes
nuptiales, comme si l'on vous fiançait, et comme
premièrement vous fûtes fiancés. Tenez, voilà cent
écus d'or, lesquels je vous donne pour entretenir vos
beaux accoutrements. Vous, messire Oudard, ne
faillez d'y comparaître comme pour les fiancer. Vous
pareillement, Trudon (ainsi était nommé son tam-
bourineur), soyez-y avec votre flûte et tambour. Les
paroles dites et la mariée embrassée, au son du tambour, tous, vous vous baillerez l'un à l'autre du sou-
venir des noces, ce sont petits coups de poing. Ce
faisant, vous n'en souperez que mieux. Mais quand
ce viendra au Chicanous, frappez dessus comme sur
seigle vert, ne l'épargnez. Tapez, daubez, frappez,
je vous en prie. Tenez, présentement je vous donne
ces gants de joute, couverts de chevrotin. Donnez-lui
coups sans compter, à tort et à travers. Celui qui
daubera le mieux, je le reconnaîtrai pour le plus af-
fectionné. N'ayez peur d'en être repris en justice. Je

serai garant pour tous. Tels coups seront donnés en riant, selon la coutume observée en toutes fiançailles.
— Voire, mais, demanda Oudart, à quoi connaîtrons-nous les Chicanous? Car en votre maison abondent journellement gens de toute part. — J'y ai donné ordre, répondit Basché. Quand à la porte de céans viendra quelque homme, ou à pied, ou assez mal monté, ayant un anneau d'argent gros et large au pouce, il sera Chicanous. Le portier, l'ayant introduit courtoisement, sonnera la campanelle (1). Alors soyez prêts, et venez en salle jouer la comédie tragique que je vous ai exposée.

Ce propre jour, comme Dieu le voulut, arriva un vieux, gros et rouge Chicanous. Sonnant à la porte, il fut reconnu par le portier à ses gros et gras houseaux (2), à sa méchante jument, à un sac de toile plein d'informations (3), attaché à sa ceinture; principalement au gros anneau d'argent qu'il portait au pouce gauche. Le portier lui fut courtois, l'introduisit honnêtement et sonna joyeusement la campanelle. Au son de la cloche, Loire et sa femme se vêtirent de leurs beaux habillements, comparurent en la salle faisant bonne morgue (4). Oudart rencontre Chicanous, le mène boire longuement, pendant qu'on chaussait gantelets de tous côtés, et lui dit:

(1) La clochette.
(2) Souliers.
(3) Pièces de procédure.
(4) Contenance grave.

« Vous ne pouviez venir à heure plus opportune.
Notre maître est en ses bonnes : nous ferons tantôt
bonne chère, tout ira par écuelles : nous sommes
céans de noces : tenez, buvez, soyez joyeux. » Pendant que Chicanous buvait, Basché, voyant en la
salle tous ses gens, en équipage requis, manda quérir Oudart. Oudart vient, Chicanous le suit. Ce dernier en entrant dans la salle n'oublia de faire
humbles révérences, cita Basché; Basché lui fit la
plus grande caresse du monde, lui donna un ange-
lot (1), le priant d'assister au contract et fiançailles.
Ce qui fut fait. Sur la fin, les coups de poing commencèrent de sortir en place. Mais, quand ce vint
autour du Chicanous, ils le festoyèrent à grands coups
de gantelet, si bien qu'il resta tout étourdi et meur-
tri, un œil poché au beurre noir, huit côtes froissées,
les omoplates en quatre quartiers, la mâchoire infé-
rieure en trois lopins; et le tout en riant. Dieu sait
comment Oudart y opérait, frappant avec un gros
gantelet acéré, fourré d'hermines. Ainsi s'en retourna à l'île Bouchard, Chicanous accoutré à la *ti-
gresque* (2), toutefois satisfait et content du seigneur
Basché, et moyennant le secours des bons chirurgiens du pays vécut tant que vous voudrez. La mémoire en expira avec le son des cloches qui caril-
lonnèrent à son enterrement.

(1) Monnaie d'or de France, portant l'image de saint Michel. Cette
monnaie fut frappée pendant la domination anglaise.

(2) Avec des taches noires, comme la peau du tigre est tachetée.

CHAPITRE XXXV.

Comment à l'exemple de maître François Villon, le seigneur de Basché loue ses gens.

« Chicanous sorti du château et remonté sur son *esgue orbe* (1) (ainsi nommait-il sa jument borgne), Basché sous la treille de son jardin secret manda quérir sa femme, et ses demoiselles, tous ses gens, fit apporter vin de collation, associé d'un nombre de pâtés, de jambons, de fruits et de fromages, but avec une grande allégresse, puis leur dit :

« Maître François Villon sur ses vieux jours se retira à Saint-Maixent en Poitou, sous la faveur d'un homme de bien, abbé dudit lieu. Là, pour donner passe-temps au peuple, il entreprit de faire jouer la Passion en gestes et langage poitevins. Les rôles distribués, les joueurs recolés (2), le théâtre préparé, il dit au maire et échevins, que le mystère pourrait être prêt à la fin des foires de Niort; il restait seulement à trouver des habillements aptes aux personnages. Les maire et échevins y donnèrent ordre. Pour habiller un vieux paysan qui représentait Dieu le père, il requit frère Étienne Tappecoue, secretain (3) des cordeliers du lieu, de lui prêter une chape. Tappecoue la refusa, alléguant que, par leurs

(1) Rosse.
(2) Rassemblés, de *recolcrc*.
(3) Sacristain.

statuts provinciaux, il était rigoureusement défendu
de rien bailler (1) ou prêter aux jouants. Villon ré-
pliquait que le statut concernait seulement les farces
momeries et jeux dissolus ; et qu'il l'avait vu prati-
quer ainsi à Bruxelles et ailleurs.

Tappecoue ce nonobstant, lui dit péremptoire-
ment, qu'il se pourvût ailleurs si bon lui semblait,
et qu'il n'espérât rien de sa sacristie. Car certainement il n'en aurait rien.

Villon fit aux joueurs le rapport en grande abo-
mination, ajoutant que de Tappecoue Dieu ferait
vengeance et punition exemplaire bientôt. Au sa-
medi subséquent (2), Villon eut avertissement que
Tappecoue monté sur une *poutre* (ainsi nomment-
ils une jeune cavale) était allé en quête à Saint-Ligaire, et qu'il serait de retour sur les deux heures
après midi. Alors il fit la montre de la diablerie
parmi la ville et le marché. Ses diables étaient
tous caparaçonnés de peaux de loups, de veaux
et de béliers, passementées de têtes de moutons, de cornes de bœufs et de grands havets (3)
de cuisine; ceints de grosses courroies, auxquelles
pendaient grosses cymbales (4) de vaches, et sonnettes
de mulets à bruit horrifique. Quelques-uns tenaient
en mains des bâtons noirs pleins de fusées; d'autres

(1) Donner.
(2) Suivant.
(3) Crocs.
(4) Clochettes ayant une forme spéciale.

portaient de longs tisons allumés, sur lesquels à chaque carrefour ils jetaient de pleines poignées de *parasine* (1) en poudre, dont il sortait feu et fumée terrible. Après les avoir conduits ainsi avec contentement du peuple et grande frayeur des petits enfants, finalement il les mena banqueter dans une cassine hors la porte en laquelle est le chemin de Saint-Ligaire. Arrivant à la cassine, de loin ils aperçurent Tappecoue qui revenait de quête. — Par la mort Dieu, dirent alors les diables, il n'a voulu prêter à Dieu le père, une pauvre chape, faisons-lui peur. — C'est bien dit, répondit Villon ; mais cachons-nous jusqu'à ce qu'il passe, et chargez vos fusées et tisons. »

« Tappecoue arrivé au lieu, tous sortirent sur le chemin au-devant de lui, en grand effroi, jetant feu de tous côtés sur lui et sa jument, sonnant de leurs cymbales et hurlant en diable. — Hho, hho, hho, brrrourrs, rrrourrrs rrrourrrs. Hou, hou ! Hho, hho, hho ! Frère Etienne faisons-nous pas bien les diables ? » La jument, tout effrayée, se mit au trot, à bonds, et au galop ; à ruades, fressurades, doubles pédales et pétarades : tant qu'elle rua bas Tappecoue, quoiqu'il se tînt à l'aube (2) du bât de toutes ses forces. Ses étrivières (3) étaient de corde : du côté hors montoir son soulier *fenestré* était si fort entortillé qu'il ne put jamais le retirer. Ainsi, il était entraîné à écor-

(1) Poix résine.
(2) Carcasse du bât, faite de bois blanc ; du latin *albus*.
(3) Étriers.

che-*dos* par la *poutre* toujours multipliante en ruades contre lui et forvoyante (1) de peur par les haies,
buissons et fossés. De mode qu'elle lui cobbit (2)
toute la tête, tellement que la cervelle en tomba près
la croix Osannière; puis les bras en pièces, l'un çà,
l'autre là, les jambes de même, puis des boyaux fit
un long carnage : en sorte que la *poutre* en arrivant
au couvent ne portait que le pied droit et le soulier
entortillé. Villon voyant advenu ce qu'il avait pour-
pensé (3) dit à ses diables : « Vous jouerez bien,
Messieurs les diables, vous jouerez bien, je vous af-
fie (4). Oh, que vous jouerez bien ! Je dépite la diablerie de Saumur, de Doué, de Montmorillon, d'Angers; voire, par Dieu, de Poitiers avec leur par-
loir (5) au cas qu'ils puissent vous être paragonnés (6) !
Oh, que vous jouerez bien ! »

« Ainsi, dit Basché, prévois-je que dorénavant
vous jouerez bien cette tragique farce, vu qu'à la
première montre et essai le Chicanous a été si di-
sertement daubé, tappé et chatouillé. Présentement,
je double tous vos gages. Vous, m'amie (7), disait-il
à sa femme, faites vos honneurs comme vous voudrez. Vous avez en vos mains et conservez tous mes

(1) S'égarant. *Fors*, hors; *via*, la route.
(2) Meurtrit.
(3) Prédit.
(4) Je vous en donne ma foi, ma parole.
(5) Les arènes. (Rab. Ed. J. Bry.)
(6) Comparés.
(7) Mon amie.

trésors. Quant à moi, premièrement je bois à vous a tous, mes bons amis : or çà, il est bon et frais. Secondement, vous, maître d'hôtel, prenez ce bassin d'argent, je vous le donne. Vous, écuyer, prenez ces deux coupes d'argent doré. Que vos pages ne soient fouettés de trois mois. M'amie, donnez-leur mes beaux *plumails* blancs avec les pampellettes d'or(1). . Messire Oudart, je vous donne ce flacon d'argent... Je donne cet autre aux cuisiniers; aux valets de chambre, je donne cette corbeille d'argent; aux palefreniers, je donne cette nacelle d'argent doré; au portier, je donne ces deux assiettes; aux muletiers, ces dix *happesoupes*. Trudon, prenez toutes ces cuillers d'argent et ce drageoir. Vous, laquais, prenez cette grande salière. Servez-moi bien, mes amis, je le reconnaîtrai : croyant fermement que j'aimerais mieux endurer en guerre cent coups de masse sur heaume (2) au service de notre tant bon roi, qu'être une fois cité par ces mâtins Chicanous, pour le passe-temps d'un tel prieur. »

(1) Tresses.
(2) Casque.

CHAPITRE XXXVI.

Continuation des Chicanous daubés en la maison de Basché.

« Quatre jours après, un autre jeune, haut et maigre Chicanous, alla citer Basché à la requête du prieur. A son arrivée, il fut immédiatement reconnu par le portier, et la *campanelle* sonnée. Au son de la cloche, tout le peuple du château comprit de quoi il s'agissait. Loire pétrissait sa pâte, sa femme belutait la farine. Le seigneur Basché jouait aux dés avec sa femme. Les demoiselles jouaient aux pingres (1). Les officiers jouaient à l'impériale ; les pages jouaient à la mourre (2) à belles chiquenaudes. Soudain, il fut reconnu de tout le monde que Chicanous était dans le pays. Alors Oudart de prendre son costume ; Loire et sa femme de mettre leurs beaux accoutrements ; Trudon de sonner de sa flûte, battre son tambourin ; chacun de rire, tous de se préparer ; et gantelets en avant, Basché descend dans la basse-cour. Là, Chicanous le rencontrant, se mit à genou devant lui, le pria de ne prendre en mal s'il le citait de la part du prieur, remontra par harangue directe comment il était personne publique, serviteur de moine pour le moment, prêt à en faire autant pour

(1) Aux épingles.
(2) Mourre, jeu consistant à se donner des chiquenaudes sur le nez.

lui, voire pour le moindre de sa maison, pour ce qu'il lui plairait de l'employer et commander. «Vraiment, dit le seigneur, vous ne me citerez cependant que lorsque vous aurez bu de mon bon vin de Quinquenois et aurez assisté aux noces que je fais présentement. Messire Oudart, faites-le boire très-bien, et rafraîchir, puis vous me l'amènerez en la salle. Soyez le bienvenu. »

« Chicanous, bien repu et abreuvé, entre avec Oudart dans la salle en laquelle étaient rangés tous les personnages de la farce, bien délibérés. A son entrée, chacun commence à sourire. Chicanous *riait* par compagnie, quand par Oudart furent, sur les fiancés, prononcées des paroles mystérieuses. Pendant qu'on apportait le vin et les épices, les coups de poing commencèrent à trotter. Chicanous en donna nombre à Oudart. Oudart, qui avait caché son gantelet, commence à s'en chausser comme d'une mitaine. Et de dauber Chicanous, et de frapper Chicanous ; et coups de jeunes gantelets pleuvaient de tous côtés sur Chicanous. « Des noces, disait-il, des noces, des noces ! vous en souvienne. » Il fut si bien accoutré que le sang lui sortait par la bouche, par le nez, par les oreilles, par les yeux. Au demeurant courbatu, espaultré (1), et froissé, tête, nuque, dos, poitrine, bras et tout. Croyez qu'en Avignon, au temps de carnaval, les bacheliers *onques*

_____

(1) Les épaules démanchées.

ne jouèrent à la raphe (1) plus mélodieusement qu'il fut joué sur Chicanous. Enfin, il tombe par terre. On lui jeta force vin sur la face : on lui attacha à son pourpoint une belle livrée (2) de jaune et vert, et on le mit sur son cheval morveux. Entrant en l'Ile Bouchard, je ne sais s'il fut bien pansé et traité, tant de sa femme que des mires (3) du pays. Depuis, il n'en fut parlé.

« Le lendemain, cas pareil advint, parce qu'au sac et gibecière du maigre Chicanous son exploit n'avait été trouvé. De par le prieur, un nouveau Chicanous fut envoyé citer le seigneur de Basché, avec deux recors pour sa sûreté. Le portier, sonnant la *campanelle*, réjouit toute la famille. Basché était à table, dinant avec sa femme et quelques gentilshommes. Il envoie chercher Chicanous, le fait asseoir auprès de lui, les recors auprès des demoiselles, ils dînèrent très-bien et très-joyeusement. Au dessert, Chicanous se lève, les recors étant présents et écoutant, cite Basché : Basché gracieusement lui demande copie de sa commission : elle était toute préparée. Il prend acte de ses exploits : puis quatre *écus soleil* (4) furent donnés à Chicanous et ses recors; chacun s'était retiré pour la farce.

(1) Jeu de mains.

(2) En Bourbonnais on nomme encore *livrées* de petits rubans (faveurs) qu'on attache à la poitrine des convives à un festin de mariage.

(3) Chirurgiens.

(4) Monnaie d'or de Louis XI.

Trudon commence à sonner du tambourin, Basché prie Chicanous d'assister aux fiançailles d'un de ses officiers, et d'en recevoir le contrat, en bien le payant et contentant. Chicanous fut courtois, il dégaîna son écritoire, eut papier promptement, ses recors à côté de lui. Loire entra dans la salle par une porte ; sa femme avec les demoiselles par une autre, en accoutrements nuptiaux. Oudart les prend par les mains, et après les avoir interrogés de leurs vouloirs, fait simulacre de les unir. Le contrat est passé et minuté. D'un côté sont apportées épices : de l'autre livrée à tas, *blanc et tanné;* de l'autre sont produits gantelets secrètement. »

CHAPITRE XXXVII.

Comment, par Chicanous, sont renouvelées les antiques coutumes des fiançailles.

« Chicanous, après avoir dégouzillé (1) une grande tasse de vin breton, dit au seigneur : « Monsieur, comment l'entendez-vous? L'on ne baille point ici des noces? *Sainsambreguoi,* toutes bonnes coutumes se perdent. Aussi, ne trouve-t-on plus de lièvres au gîte. Il n'est plus d'amis. Voyez comment en plu-

(1) Avalé.

sieurs églises on a désemparé (1) les antiques buvettes des benoîts saints? Le monde ne fait plus que
rêver. Il approche de sa fin. Or, tenez, des noces,
des noces, des noces ! » Ce disant, il frappait sur
Basché et sa femme, après sur les demoiselles et
sur Oudart. Alors les gantelets firent leurs exploits,
si bien que la tête de Chicanous fut rompue à neuf
endroits : à un des recors le bras droit fut défo-
cillé (2), à l'autre fut démanchée la mandibule supérieure, de façon qu'elle lui couvrait le menton à
demi, avec dénudation de la luette et perte insigne
des dents molaires, *masticatoires*, et canines. Au son
du tambourin changeant son intonation, les gantelets furent mussés (3), sans être aucunement aperçus, et les confitures furent multipliées de nouveau,
avec liesse nouvelle. Les bons compagnons buvant
les uns aux autres, et tous à Chicanous et à ses recors, Oudart reniait et despitait (4) les noces, alléguant qu'un des recors lui avait *desincornifistibulé*
toute l'autre épaule. Ce nonobstant, buvait à lui
joyeusement. Le recors démantibulé joignait les
mains et tacitement lui demandait pardon. Car il ne
pouvait parler. Loire se plaignait que le recors *dé-
bradé* lui avait donné un si grand coup de poing sur
l'autre coude qu'il en était tout *esperruquancluzelu-*

(1) Supprimé.
(2) Les os de l'avant-bras furent démis.
(3) Cachés.
(4) Maudissait, de *despicere*.

belouzerirelu du talon. « Mais, disait Trudon, ca-
chant l'œil gauche avec son mouchoir, et montrant
son tambourin, défoncé d'un côté, quel mal leur
avais-je fait? Il ne leur a suffi de m'avoir ainsi lourdement *morranbouzevezangonzequoquanorguatasa-*
chaguevezinemaffrassé mon pauvre œil; d'abondant (1) ils m'ont défoncé mon tambourin. Tambou-
rins aux noces sont ordinairement battus, tambou-
rineurs bien festoyés, jamais battus. Le diable s'en
puisse coiffer. — Frère, dit Chicanous manchot, je
te donnerai une belle, grande, vieille lettre royale,
que j'ai ici dans mon baudrier pour rapetasser ton
tambourin : et, pour Dieu, pardonne-nous. Par Notre-Dame de Rivière, la bonne dame, je n'y pensais
en mal. »

« Un des écuyers, *clopant* et boitant, contrefaisait le bon et noble seigneur de la Roche-Posay. Il
s'adressa au recors embaviété (2) des mâchoires,
et lui dit : « Êtes-vous des frappins, des frappeurs,
ou des frapparts? Ne vous suffisait-il pas de nous
avoir ainsi *morcrocassebezassenezassegriguelignosco-*
papopondrillés tous les membres supérieurs à coups
de *bobelins*, sans nous donner tels *morderegrippipio-*
tabirofreluchasseburelurecoquelurintapenements sur
les grèves (3) à belles pointes de *houseaux?* Appelez-vous cela jeu de jeunesse? Par Dieu, jeu n'est-

(1) En sus.
(2) Qui avait les machoires déboîtées.
(3 Cuisses.

ce. » Le recors joignant les mains, semblait lui en requérir pardon, marmonnant de la langue : « Mon, mon, mon, vrelon, von, von ! » comme un marmot. La nouvelle mariée pleurante riait, riante pleurait, de ce que Chicanous ne s'était contenté de la dauber sans choix ni élection des membres, mais lui avait *trépignemampenillorifrizononfussé* la tête et l'avait lourdement deschevelée (1). « Le diable, dit Basché, y ait part. Il était bien nécessaire que monsieur Le Roi (ainsi se nommait Chicanous) me daubât ainsi ma bonne femme d'échine. Je ne lui en veux mal toutefois. Ce sont petites caresses nuptiales. Mais je m'aperçois qu'il m'a cité en ange, et daubé en diable. Il tient, je ne sais quoi, du frère frappart. Je bois à lui de bien bon cœur et à vous aussi messieurs les recors. — Mais, disait sa femme, à quelle propos et sur quelle querelle m'a-t-il tant et *très-tant* festoyé à grands coups de poing ? Le diantre l'emporte, si je le veux. Je ne le veux pas pourtant, ma Dio. Mais je dirai cela de lui, qu'il a les plus dures oinces (2) qu'*onques* je sentis sur mes épaules. »

Le maître d'hôtel tenait son bras gauche en écharpe, comme tout *morquaquoquassé* : « Le diable, dit-il, me fait bien assister à ses noces. J'en ai, par la Vertu Dieu, tous les bras *engoulevezinemassés*. Appelez-vous ceci fiançailles ? » Chicanous ne parlait

(1) Décoiffée.
(2) Ongles.

plus. Les recors s'excusèrent, disant qu'en daubant ainsi ils n'avaient eu maligne volonté; et que pour l'amour de Dieu on leur pardonnât.

Ainsi départent. A une demi-lieue de là, Chicanous se trouva un peu mal. Les recors arrivèrent à l'île Bouchard, disant qu'ils n'avaient jamais vu plus homme de bien que le seigneur de Basché, ni une maison plus honorable que la sienne, de même que jamais ils n'avaient été à telles noces : mais toute la faute venait d'eux qui avaient commencé la *frapperie*. Et vécurent encore je ne sais quants (1) jours après. De là il fut tenu comme chose certaine que l'argent de Basché était pernicieux et mortel aux Chicanous et recors. Depuis, le dit seigneur fut en repos et les noces de Basché en proverbe commun. »

CHAPITRE XXXVIII.

Comment par Jean des Entommeures est fait essai du naturel des Chicanous.

« Cette narration, dit Pantagruel, semblerait joyeuse, ne fût que devant nos yeux il nous faut avoir continuellement la crainte de Dieu. — Elle serait meilleure, dit Epistemon, si la pluie de ces

(1) Combien.

jeunes gantelets fût tombée sur le prieur. Il dépensait l'argent pour son passetemps, partie à fâcher Basché, partie à voir ces Chicanous daubés. En quoi offensaient ces pauvres diables de Chicanous? — Il me souvient, dit Pantagruel, à ce propos, d'un ancien gentilhomme romain, nommé L. Neratius. Il était de noble famille et riche en son temps. Mais en lui était cette tyrannique complexion, que, sortant de son palais, il faisait emplir les gibecières de ses valets d'or et d'argent monnayé, et rencontrant par les rues quelques mignons braguars (1), sans être aucunement offensé par eux, par gaîté de cœur leur donnait grands coups de poing en face. Soudain après, pour les apaiser et empêcher de se plaindre à la justice, il leur départait de son argent. Tant qu'il les rendait contents et satisfaits. Ainsi il dépensait son revenu battant les gens au prix de son argent. — Par la botte de saint Benoît, dit Jean, présentement j'en saurai la vérité. »

« Alors il descendit à terre, mit la main à son escarcelle, et en tira vingt écus au soleil. Puis il dit à haute voix en présence et audience d'une grande tourbe (2) du peuple chicanourrois : « Qui veut gagner vingt écus pour être battu en diable? — Io, io, io, répondirent-ils tous. Vous nous affolerez (3) de coups, Monsieur, cela est sûr. Mais il y a beau gain.»

(1) Mignon pimpant, se pavanant.
(2) Foule, de *turba*.
(3) Meurtrirez.

Et tous accouraient en foule, à qui serait premier en date, pour être tant précieusement battu. Jean, de toute la troupe choisit un Chicanous à rouge museau, lequel au pouce de la main droite portait un gros et large anneau d'argent, en la palle (1) duquel était enchâssée une bien grande *crapaudine*.

« L'ayant choisi, je vis que tout ce peuple murmurait, et entendis un grand, jeune et maigre Chicanous, habile et bon clerc, et comme c'était le bruit, honnête homme en cour d'église, se plaignant et murmurant que le rouge museau leur ôtait toutes les pratiques : et que si dans tout le territoire il n'y avait que trente coups de bâton à gagner, il en emboursait toujours trente-huit et demi. Mais tous ces complaints (2) et murmures ne procédaient que d'envie. Jean dauba tant et très tant rouge museau, dos et ventre, bras et ventre, tête et tout, à grands coups de bâton, que je le cuidais (3) mort assommé. Puis il donna les vingt écus. Et mon vilain se releva, aise comme un roi ou deux. Les autres disaient à Jean : « Monsieur frère diable, s'il vous plaît de battre quelques-uns de nous pour moins d'argent, nous sommes tous à vous, monsieur le diable. Nous sommes très tous à vous, sacs, papiers, plumes et tout. » Rouge Museau s'écria contre eux, disant à

(1) Chaton.
(2) Plaintes, doléances.
(3) Pensais.

haute voix : « *Feston diene,* gallefretiers (1), venez-vous sur mon marché? Me voulez-vous ôter et séduire mes chalands? Je vous cite par-devant l'official à huitaine *mirelar·daine.* Je vous chicanerai en diable de Vauvert. » Puis se tournant vers Jean à face riante et joyeuse lui dit : « Monsieur, si vous m'avez trouvé bonne robe, et s'il vous plaît encore en me battant vous ébattre, je me contenterai de la moitié de juste prix. Ne m'épargrez pas, je vous en prie. Je suis tout et très tout à vous, Monsieur le Diable : tête, poumons, boyaux, et tout. » Jean interrompit son propos et se retourna d'autre part. Les autres Chicanous se retournaient vers Panurge, Epistemon, Gymnaste et autres, les suppliant dévotement pour être battus par eux à petit prix, autrement ils étaient en danger de jeûner bien longuement. Mais nul n'y voulut entendre.

CHAPITRE XXXIX.

Comment Pantagruel passa les îles de Tohu et Bohu , et de l'étrange mort de Bringuenarilles, avaleur de moulins à vent.

Ce même jour, Pantagruel passa les deux îles de Tohu et Bohu, auxquelles nous ne trouvâmes que frire. Bringuenarilles , le grand géant avait avalé

---

(1) Hommes de rien.

toutes les poëles, poëlons, chaudrons, coquasses, lèche-frites, et marmites du pays, faute de moulins à vent, desquels il se paissait (1) ordinairement. D'où il était advenu que, peu avant le jour, sur l'heure de sa digestion, il était en griève maladie tombé par certaine crudité d'estomac, causée de ce (comme disaient les médecins) que la vertu *concotrice* de son estomac, apte naturellement à digérer les moulins à vent tout brandifs (2), n'avait pu à perfection consommer les poëles et coquasses : il avait assez bien digéré les chaudrons et marmites. Et le dit Bringuenarilles était trépassé le matin même, en façon tant étrange, qu'il ne faut plus vous ébahir de la mort d'Eschyle (lequel, comme cela lui avait été fatalement prédit par les vaticinateurs (3), qu'en certain jour il mourrait par ruine de quelque chose qui tomberait sur lui), ce jour destiné, il s'était éloigné de la ville, de toutes maisons, arbres, rochers et autres choses qui peuvent tomber et nuire par leur ruine. Et demeura au milieu d'une grande prairie, se commettant en la foi du ciel libre et patent, en sûreté bien assurée; à moins vraiment que le ciel tombât; ce qu'il croyait être impossible. Toutefois, on dit que les alouettes redoutent grandement la ruine des cieux; car, les cieux tombant, toutes se-

(1) Nourrissait.
(2) Tout entiers. Le mot *brandit* s'emploie encore dans le même sens en Bourbonnais.
(3) Devins, de *vaticinator*.

raient prises. Aussi la redoutaient jadis les Celtes, voisins du Rhin : ce sont les nobles, vaillants, chevalereux, belliqueux et triomphants Français : lesquels, interrogés par Alexandre le Grand quelle chose ils craignaient le plus en ce monde (espérant bien que de lui seul ils feraient exception, à l'aspect de ses grandes prouesses, victoires, conquêtes et triomphes), répondirent ne rien craindre sinon que le ciel tombât. Eschyle, ce nonobstant, fut tué par la chute d'une écaille de tortue, laquelle, d'entre les griffes d'un aigle haut en l'air, lui tombant sur la tête, lui fendit la cervelle.

Plus, d'Anacréon poëte, lequel mourut étranglé d'un pépin de raisin. Plus, de Fabius, préteur (1) romain, lequel mourut d'un poil de chèvre, mangeant une écuellée de lait. Plus, de celui qui, à Rome, est en la voie Flaminie enterré, lequel en son épitaphe se complaint être mort *par être mords* (2) d'une chatte au petit doigt. Plus, de P. Lucanius Bassus, qui subitement mourut d'une toute petite pointure (3) d'aiguille au pouce de la main gauche, qu'à peine la pouvait-on voir. Plus, de Quenelault, médecin normand, lequel, subitement, à Montpellier, trépassa, pour s'être, de biais, avec un *tranche-plume*, tiré un ciron (4) de la main. Plus, de Spirius Sau-

---

(1) Magistrat qui rendait la justice dans Rome.
(2) Pour avoir été mordu.
(3) Piqûre.
( ) Petite ampoule.

feius, lequel mourut humant un œuf mollet à l'issue du bain. Plus, de Zeuxis, le peintre, lequel subitement mourut à force de rire, considérant le minois et portrait d'une vieille par lui représentée en peinture. Plus, de celui, lequel, dit Boccace, est mort soudainement pour s'être écuré les dents avec un brin de sauge. Plus, de Philippot Placut, lequel étant sain et dru, subitement mourut en payant une vieille dette, sans autre précédente maladie. Plus, de mille autres qu'on vous dit, fut Verrius, fut Pline, fut Valère, Baptiste Fulgose, fut Bocabery l'aîné.

Le bon Bringuenarilles (hélas !) mourut étranglé mangeant un coin de beurre frais à la gueule d'un four chaud, par l'ordonnance des médecins.

Là, en outre, il nous fut dit que le roi des Cullan en Bohu avait défait les satrapes du roi Mechloth, et mis à sac les forteresses de Belima. Depuis nous passâmes aux îles de Nargues et Zargues, aux îles de Feneliabin et Geneliabin; aux îles de Enig et Evig: desquelles par avant était advenue l'estafilade au landgraff de Hesse.

CHAPITRE XL.

Comment Pantagruel évada une forte tempête en mer.

Au lendemain nous rencontrâmes à poge (1) une arque chargée de moines, jacobins, ermites, capuins, etc., qui se rendaient à un concile. Les voyant, anurge entra en excès de joie, comme assuré d'aoir toute bonne fortune pour ce jour et les autres ubséquents en long ordre. Et ayant courtoisement alué les béats pères fit jeter en leur nauf des provions pour le voyage. Pantagruel restait pensif et 1élancolique. Jean l'aperçut, et lui demanda d'où 1i venait telle fâcherie non accoutumée; quand le pilote considérant les voltigements de peneau (2) sur la poupe, prévoyant un tyrannique grain et fortunal (3) nouveau, commanda que tout le monde fût à 'erte, tant nochers que *fadrins* (4) et mousses, que 1ous autres voyageurs. Il fit mettre voiles bas, miane et contremisane (5), *trion, mistral, espagnon, :ivadière*, fait caler les *boulingues, trinquet* (6) de proue et *trinquet* de gabie (7), descendre le grand

(1) A droite, à tribord.
(2) Banderolle.
(3) Tempête.
(4) L'explication des mots en italique a été donnée plus haut chapitre XXIV et suivants.
(5) Misaine et contremisaine.
(6) Voile latine.
(7) La hune du mât.

artimon, et de toutes les *antennes* ne rester que les *griselles* et *costières*. Soudain la mer commença à s'enfler et tumultuer du bas abîme ; les fortes vagues battirent les flancs de nos vaisseaux ; le mistral, accompagné d'un colle (1) effréné, de noires grappades, de terribles sions (2), de mortelles bourrasques, siffla à travers nos antennes. Le ciel commença à tonner du haut, foudroyer, éclairer, pleuvoir, grêler ; l'air à perdre sa transparence, devenir opaque, ténébreux et obscurci, si bien que nulle autre lumière n'apparaissait que des foudres, éclairs et infractions des flambantes nuées ; les catigides (3), thyelles (4), lelapses (5) et prestères (6) enflamment tout autour de nous par les psoloentes (7), arges (8), élicies (9) et autres éjaculations éthérées : nos aspects à être tous dissipés et perturbés (10), les horrifiques typhones (11) à suspendre les montueuses vagues du courant. Croyez que ce nous semblait être l'antique chaos auquel étaient : feu, air, mer, terre, tous éléments en réfractaire confusion.

(1) Tourmente.
(2) Tourbillons.
(3) Bourrasques, de *kataigis*.
(4) Ouragan subit.
(5) Vent accompagné de pluie, de lailaps.
(6) Tourbillon ardent, de *prestèr,* qui brûle.
(7) Résidus de la foudre.
(8) Éclairs blanchâtres.
(9) Éclairs, de *elucere.*
(10) A ne plus rien voir.
(11) Trombes.

Panurge, ayant du contenu de son estomac bien repu les poissons scatophages (1), restait accroupi sur le tillac, tout affligé, tout me shaigné (2) et à demi mort; invoqua tous benoits saints et saintes à son aide, protesta de se confesser en temps et lieu, puis s'écria en grand effroi : « Major dome, hau, mon ami, mon père, mon oncle, produisez un peu de salé : nous ne boirons tantôt que trop, à ce que je vois. A petit manger bien boire sera désormais ma devise. Plût à Dieu, et à la benoîte, digne et sacrée Vierge, que maintenant (je dis tout à cette heure) je fusse en terre ferme bien à mon aise !

« O que trois et quatre fois heureux sont ceux qui plantent choux ! O Parques, que ne me filâtes-vous pour planteur de choux ! O que petit est le nombre de ceux à qui Jupiter a telle faveur porté qu'il les a destinés à planter choux ! Car ils ont toujours en terre un pied : l'autre n'en est pas loin. Dispute de félicité et bien souverain qui voudra, mais quiconque plante choux est présentement par mon décret déclaré bienheureux, à trop meilleure raison que Pyrrhon, étant en pareil danger que nous sommes, et voyant un pourceau, près du rivage, qui mangeait de l'orge répandu, le déclara bien heureux en deux qualités, savoir est qu'il avait de l'orge à foison, et d'abondant qu'il était en terre. Ha! pour manoir déifique et seigneurial il n'est que le plancher des va-

(1) Se nourrissant d'ordures.
(2) Fatigué.

ches. Cette vague nous emportera, Dieu servateur !
O mes amis ! un peu de vinaigre. Je tressue (1) de
grand ahan. Zalas, les voiles sont rompues. Le pro-
denou (2) est en pièces, les cosses (3) éclatent, l'arbre du haut de la *guatle* plonge en mer ; la carène
est au soleil (4), nos gumènes (5) sont presque tous
rompus. Zalas, Zalas, où sont nos *bolingues?* Tout
est frelore (6). Notre *trinquet* est à vau-l'eau. Zalas !
à qui appartiendra ce brin? Amis, prêtez-moi ici une
de ces rambades (7). Enfants, votre landrivel (8) est
tombé. Hélas ! n'abandonnez l'*orgeau*, ni aussi le *ti-
rados*. J'entends l'*aignellot* frémir. Est-il cassé ! Pour
Dieu sauvons la *brague*, du fernel (9) ne vous sou-
ciez. Rebebe bous, bous, bous. Voyez à la *calamite*
de votre boussole, de grâce, maître Astrophile, d'où
nous vient ce fortunal (10) ! Par ma foi, j'ai belle
peur. Bou, bou, bou, bous, bous. C'est fait de moi.
Bou, bou, bou, bou. Otto to to to to ti. Otto to to to
to ti. Bou bou bou, ou ou ou, bou bou bous bous. Je
me noie, je me noie, je meurs ; bonnes gens, je me
noie.

(1) Suer abondamment.
(2) Cordage.
(3) Anneau fixé aux vergues et haubans.
(4) Le navire est retourné.
(5) Cordages des ancres.
(6) Perdu, de l'allemand *verloren*.
(7) Garde-fous.
(8) Lanterne.
(9) Pièce de la prouc.
(10) Orage.

CHAPITRE XLI.

Quelles contenances eurent Panurge et frère Jean durant la tempête.

Pantagruel, après avoir préalablement l'aide du grand Dieu servateur, et fait oraison publique en fervente dévotion, par l'avis du pilote tenait l'arbre fort et ferme ; Jean s'était mis en pourpoint pour secourir les nochers. Epistemon, Ponocrates et les autres étaient de même. Panurge restait assis sur le tillac, pleurant et se lamentant. Jean l'aperçut en passant sur la coursive et lui dit : « Par Dieu, Panurge le veau, Panurge le pleurart, Panurge le criart, tu ferais beaucoup mieux de nous aider ici, que de rester là pleurant comme une vache, assis comme un magot. — Be be be, bous, bous, bous, répondit Panurge, Jean, mon ami, mon bon père, je naie (1), je naie, mon ami, je naie. C'est fait de moi ; mon ami, mon père spirituel ; c'en est fait. Zalas, Zalas ! be be be bous bous bous. Zalas, à cette heure nous sommes dans l'eau. Je naie. Ha, mon père, mon oncle, mon tout. L'eau est entrée dans mes souliers par le collet. Bous, bous, bous, puisch, hu, hu, hu, ha, ha, ha, ha, je naie. Zalas, Zalas, hu, hu, hu, bous, bous, bou. A cette heure je fais bien à point l'arbre fourchu, la tête en bas, les pieds en l'air. Plût à Dieu que pré-

(1) Je me noie.

sentement je fusse dans la barque des bons pères que nous rencontrâmes ce matin. Zalas, Zalas, cette vague de tous les diables effondrera toute notre nauf. — Mille diables, dit Jean, voilà notre fanal éteint. Si je t'entends pioller (1) je te galerai en loup marin. Que ne le jetons-nous en mer ! Je crois que tous les diables sont déchaînés aujourd'hui.

CHAPITRE XLII.

Fin de la tempête.

« Terre, terre, s'écria tout à coup Pantagruel, je vois la terre. Courage de brebis. Je vois le ciel qui commence à s'éclaircir. — Courage, enfants, dit le pilote, le courant est refoncé. Inse, inse (2). — Aux *boulingues* de *contremisaine*. Le câble au cabestan, vire, vire, vire ! La main au gouvernail. Pare les écoutes, pare les bolines. Amure bâbord. — Casse écoute de tribord. — Au *trinquet* de proue, *Inse, inse*. — Oh ! s'écria Epistemon, je vous recommande à tous de bien espérer. Je vois Castor à droite. — Be be be bous, dit Panurge, j'ai bien peur que ce soit Hélène. — Je vois, dit Epistemon, du feu sur un

(1) Piaillier.
(2) Hisse.

obéliscolychnie (1). — Haye, haye, dit le pilote,
double le cap et les basses. — C'est doublé, répondirent lès matelots. — Courage, dit Pantagruel, courage, enfants, voici des navires qui sont envoyés à
notre aide. Mais quel est cet Ucalegon (2) là-bas qui
crie ainsi et se déconforte. Ne tenais-je l'arbre sûre-
ment des mains et plus droit qne ne feraient deux
c ents gumènes?—C'est, répondit Jean, le pauvre diable de Panurge, qui a fièvre de veau. Il tremble de peur.
— Si, dit Pantagruel, il a eu peur pendant ce *colle* horrible et périlleux *fortunal,* pourvu qu'au reste il se
fût évertué, je ne l'en estime en rien moins. Car,
comme craindre en tout heurt est indice d e gros
et lâche cœur, ainsi que faisait Agamemnon; de
même ne rien craindre quand le cas est évidemment
redoutable, est signe de peu ou faute d'appréhen-
sion. Ores, si une chose est en cette vie à craindre,
après l'offense de Dieu, je ne veux dire que ce ne
soit la mort. Il n'est céans mort personne que : Dieu
en soit éternellement loué! Mais vraiment voici un
ménage assez mal en ordre. Bien. Il nous faut ré-
parer ce bris. Gardez que nous ne donnions à terre. »

(1) Phare.
(2) Qui ne donne aucun secours.

CHAPITRE XLIII.

Comment, la tempête finie, Panurge fit le bon compagnon.

« Ha, ha! s'écria Panurge, tout va bien. L'orage est passé. Je vous prie de grâce, que je descende le premier. Je voudrais fort aller à mes affaires. Vous aiderai-je encore là? Baillez que je vrillonne (1) cette corde. J'ai du courage *prou*, voire. De peur, bien peu. Baillez çà, mon ami. Non, non, pas maille de crainte. Vrai est que cette vague décumane (2), laquelle donna de proue en poupe, m'a un peu l'artère altéré. Voile bas. C'est bien dit. Comment vous ne faites rien, Jean? Est-il temps de boire à cette heure? Que savons-nous si l'*Estaffier* de Saint-Martin nous brasse encore quelque nouvel orage? Vous irai-je encore aider de là. Vertus goui! je me repens bien, mais c'est à tard, de n'avoir suivi la doctrine des bons philosophes, qui disent que de se promener près la mer, et naviguer près la terre, est chose très-sûre et délectable : de même que d'aller à pied, quand l'on tient son cheval par la bride. Ha, ha, ha, par Dieu, tout va bien. Vous aiderai-je encore là? Baillez ça, je ferai bien cela; ou le diable y sera. »

(1) Tortille.
(2) Très-grande.

Epistemon avait une main tout écorchée et sanglante pour avoir en grande violence retenu un des *gumènes*, et entendant le discours de Pantagruel, il dit : « Croyez, seigneur, que j'ai non moins peur et frayeur que Panurge. Mais quoi? Je ne me suis pas épargné au secours. Je considère que si vraiment mourir est (comme c'est) de nécessité fatale et inévitable, en telle ou telle heure, en telle ou telle façon, mourir est en la sainte volonté de Dieu. Pourtant il le faut invoquer, implorer, prier, requérir et supplier. Mais là ne faut faire but et borne ; de notre part il convient pareillement nous évertuer, et comme dit le saint envoyé être coopérateurs avec lui. Vous savez ce que dit C. Flaminius, consul, lorsque par l'astuce d'Annibal, il fut resserré près du lac de Péruse, dit Trasimène. « Enfants, dit-il à ses soldats, d'ici sortir ne vous faut espérer par vœux et implorations des dieux. Par force et vertus, il nous convient évader, et au fil de l'épée chemin faire par le milieu des ennemis. » Pareillement en Salluste. « L'aide (dit M. Portius Cato) des dieux n'est impétrée par vœux otieux, par lamentations muliè-bres (1). En veillant, travaillant, s'évertuant, toutes choses arrivent à souhait et bon port. Si en nécessité et danger, l'homme est négligent, éviré (2) et paresseux, sans propos il implore les dieux. Ils sont irrités et indignés. » — Je me donne au diable,

(1) De femmes, de *muliebris*.
(2) Privé de forces, de *vis, viris*.

9

dit Jean. — J'en suis de moitié, dit Panurge. — Si le clos de Séville ne fut tout vendangé et détruit, si je n'eusse que chanté : *Contra hostium insidias* comme faisaient les bons moines, sans secourir la vigne à coups de bâton de cormier contre les pillards de Lerné. — Vogue la galère, dit Panurge, tout va bien, Jean ne fait rien là. Il s'appelle Jean fait néant, et me regarde ici suant et travaillant pour aider à cet homme de bien, matelot premier de ce nom. Notre amé, ho ! Deux mots : mais que je ne vous fâche. De quelle épaisseur sont les ais (1) de cette *nauf?* — Elles sont, répondit le matelot, épaisses de deux bons doigts. — Vertu Dieu, dit Panurge, nous sommes donc continuellement à deux doigts près de la mort. Ha ! notre amé, vous faites bien de mesurer le péril à l'aune de la peur. Je n'en ai point, quant à moi. Je m'appelle Guillaume sans peur. Du courage tant et plus. Je n'entends courage de brebis, je dis courage de loup, assurance de meurtrier. Et ne crains rien que les dangers.

(1) Planche.

CHAPITRE XLIV.

Comment, par Jean, Panurge est déclaré avoir eu peur sans cause
durant l'orage.

« Bonjour, Messieurs, dit Panurge, bonjour très-
tous. Vous vous portez bien très-tous? Dieu merci !
et vous? Vous soyez les bien et à propos venus.
Descendons, *Hespalliers*, han! jetez le pontal (1) :
approche cet esquif. Vous aiderai-je encore là? je
suis allouvi (2) et affamé de bien faire et travailler,
comme quatre bœufs. Vraiment voici un beau lieu
et de bonnes gens. Enfants, avez-vous encore affaire
de mon aide? N'épargnez la sueur de mon corps,
pour l'amour de Dieu. Adam, c'est l'homme, naquit pour labourer et travailler comme l'oiseau pour
voler. Notre Seigneur veut, entendez-vous bien?
que nous mangions notre pain à la sueur de nos
corps : non pas en rien faisant, comme vous voyez
Jean, qui boit et meurt de peur. Voici le . 'u temps.
A cette heure connais-je que la réponse d'Anacharsis
le noble philosophe, est véritable, et bien en raison
fondée, quand, interrogé quel navire lui semblait
le plus sûr? il répondit : Celui qui serait au port. —
Encore mieux, dit Pantagruel, interrogé desquels le

(1) Petit pont.
(2) Affamé comme un loup.

nombre était plus grand, des morts ou des vivants ?
il demanda : « Entre lesquels comptez-vous ceux
qui naviguent sur mer ? » Subtilement signifiant que
ceux qui sur mer naviguent, sont tellement près du
continuel danger de mort, qu'ils vivent mourants,
et meurent vivants. Ainsi, Portius Cato disait se re-
pentir seulement de trois choses. A savoir : s'il avait
jamais révélé son secret à une femme ; si en oisiveté,
il avait jamais passé un jour, et si par mer il avait pé-
régriné (1) en lieu autrement accessible par terre.
— Panurge, mon amé, dit Jean, durant la tempête
tu as eu peur sans cause et sans raison. Car tes destinées fatales ne sont pas de périr en eau. Tu seras
haut en l'air certainement pendu, ou brûlé gaillardement. Seigneur, voulez-vous un beau gaban (2)
contre la pluie ? Laissez-moi ces manteaux de loup
et de bedouault (3). Faites écorcher Panurge et
couvrez-vous de sa peau. N'approchez pas du feu,
et ne passez pas devant la forge des maréchaux, car
en un moment vous la verriez en cendres. Mais à la
pluie exposez-vous tant que vous le voudrez, à la
neige et à la grêle. Voire par Dieu, jetez-vous *au
plonge* dans l'eau la plus profonde, vous ne serez
jamais mouillé. Faites-en bottes d'hiver : jamais elles
ne prendront eau. Faites-en des vessies pour apprendre aux jeunes gens à nager : ils apprendront sans

(1) Voyagé.
(2) Caban, manteau.
(3) Blaireau.

danger. — Sa peau donc, dit Pantagruel, serait comme l'herbe dite cheveux de Vénus, laquelle n'est jamais mouillée ni remoitie : toujours elle est sèche, encore qu'elle fût au profond de l'eau autant que vous le voudriez. — Panurge, dit Jean, mon ami, n'aie jamais peur de l'eau, par élément contraire ta vie sera terminée. — Voire, répondit Panurge ; mais les cuisiniers des diables rêvent quelquefois, et errent en leur office, et mettent souvent bouillir ce qu'on destinait pour rôtir, comme en la cuisine de céans, les *maîtres-queux* souvent lardent perdrix, ramiers et bizets, en intention (comme c'est vraisemblable) de les mettre rôtir. Il advient toutefois qu'ils mettent les perdrix aux choux, les ramiers aux poireaux, et les bizets aux navets.

CHAPITRE XLV.

Comment Pantagruel ouït, en haute mer, diverses paroles dégelées.

En pleine mer, nous banquetants, grignotants, devisants et faisants beaux et courts discours, Pantagruel se leva et se tint debout pour découvrir aux environs. Puis il nous dit : « Compagnons, n'entendez-vous rien? Il me semble que j'entends quelques gens parler en l'air, je n'y vois toutefois personne. Écoutez.» A son commandement nous fûmes attentifs

9.

et à pleines oreilles nous humions l'air comme belles huîtres en écailles, pour entendre si voix et aucun son y serait épars : et pour n'en rien perdre, à l'exemple d'Antonin l'empereur, nous apposions nos mains en paume derrière l'oreille. Cependant nous protestions que nous n'entendions aucune voix. Pantagruel continuait, affirmant ouïr voix diverses en l'air, tant d'hommes comme de femmes ; quand nous fûmes d'avis, ou que nous les entendions pareillement ou que les oreilles nous cornaient. Plus nous persévérions à écouter, plus nous discernions les voix, jusqu'à entendre des mots entiers. Ce qui nous effraya grandement, et non sans cause, ne voyant personne, et entendant voix et sons divers, d'hommes, de femmes, d'enfants, de chevaux : si bien que Panurge s'écria : « Ventre bieu, est-ce moquerie ? nous sommes perdus. Fuyons. Il y a embûches autour de nous. Jean, mon ami, es-tu là, tiens-toi près de moi, je te supplie. As-tu ton sabre, assure-toi qu'il ne tienne au fourreau. Tu ne le dérouilles point à demi. Nous sommes perdus. Écoutez : ce sont par Dieu, des coups de canon. Je ne dis des pieds et des mains, comme disait Brutus à la bataille de Pharsale : je dis à voiles et à rames, fuyons. Je n'ai point de courage sur mer. En cave et ailleurs j'en ai tant et plus. Fuyons. Sauvons-nous. Je ne le dis parce que j'ai peur. Car je ne crains rien fors les dangers. Je le dis toujours.

« Aussi, disait le franc-archer de Bagnolet : Pourtant n'hasardons rien, afin que nous ne soyons *na-zardés*. Fuyons, tourne visage. Vire la peautre (1). Plût à Dieu que, présentement, je fusse en Quinquenois. Fuyons : nous ne sommes pas pour eux. Ils sont dix contre un, je vous en assure. D'avantage ils sont sur leurs fumiers, nous ne connaissons le pays. Ils nous tueront. Fuyons; ce ne sera pas nous déshonorer. Démosthènes dit que l'homme fuyant combattra de rechef. Retirons-nous pour le moins. *Orche, poge, aux trinquets, aux boulingues!* Nous sommes morts. Fuyons ce par tous les diables, fuyons. »

Pantagruel, entendant l'esclandre que faisait Panurge, dit : « Quel est ce fuyard là-bas? Voyons, premièrement, quels gens ce sont. Par aventure sont-ils nôtres. Encore ne vois-je personne. Et cependant je vois à cent milles à l'entour. Mais entendons. J'ai lu qu'un philosophe nommé Pétron était de cette opinion, que plusieurs mondes étaient, se touchant les uns les autres, en figure triangulaire équilatérale, en la pote et centre desquels il disait être le manoir de vérité, et là habiter les paroles, les idées, les exemplaires et portraits des choses passées et futures : autour desquelles est le siècle. Et en certaines années, par longs intervalles, une partie de celles-ci tombe sur les humains comme catharres, et comme tomba la rosée sur la toison de Gédéon; par là, rester réservée pour l'avenir jusqu'à la consommation des siècles. Il me souvient aussi qu'Aristote main-

(1) Gouvernail.

tient les paroles d'Homère être voltigeantes, volan-
tes, mouvantes, et par conséquent animées.

D'avantage, Antiphanes disait que la doctrine de
Platon était semblable aux paroles, lesquelles en
quelque contrée, au temps du fort hiver, lorsqu'elles
sont proférées, gèlent et se glacent à la froideur de
l'air, et ne sont point entendues. Semblablement ce
que Platon enseignait aux jeunes enfants, était à
peine entendu d'eux, sinon lorsqu'ils devenaient
vieux. Ores il serait à philosopher et rechercher si
par fortune ce ne serait point ici l'endroit, auquel
telles paroles dégèlent. Nous serions bien ébahis si
c'étaient les tête et lyre d'Orphée. Car après que les
femmes Thraces eurent mis Orphée en pièces, elles
jetèrent sa tête et sa lyre dans le fleuve Hébrus;
cette tête et cette lyre descendirent par ce fleuve
dans la mer Pontique, jusqu'en l'île de Lesbos, na-
geant toujours ensemble sur la mer. Et de la tête il
sortait continuellement un chant lugubre, comme
lamentant la mort d'Orphée : la lyre, à l'impulsion
des vents mouvant les cordes, s'accordait harmo-
nieusement avec le chant. Regardons si nous les verrons ici autour.

CHAPITRE XLVI.

Comment, entre ses paroles gelées, Pantagruel trouva des mots de gueule (1).

Le pilote fit cette réponse : « Seigneur, ne vous effrayez de rien. Ici est le confin de la mer Glaciale, sur laquelle fut, au commencement de l'hiver dernier, passé grosse et félonne bataille entre les Arimaspiens (2) et les Néphélibates (3), alors gelèrent en l'air les paroles et cris des hommes et des femmes, le chaplis des masses, le hurtis (4) des harnais, des bardes, les hennissements des chevaux et tout autre effroi de combats. A cette heure, la rigueur de l'hiver étant passée, advenant la sérénité et tempérée du bon temps, elles fondent et sont entendues. —Par Dieu, dit Panurge, je le crois ; mais n'en pourrions-nous voir quelqu'une. Il me souvient d'avoir lu que, le long de la montagne en laquelle Moïse reçut la loi des Juifs, le peuple voyait les voix sensiblement. — Tenez, tenez, dit Pantagruel, voyez-en ici qui ne sont pas encore dégelées. »

Alors il nous jeta sur le tillac pleines mains de

(1) Rouge, terme de blason.
(2) Peuple de Scythie qui, suivant Pline, n'avaient qu'un œil.
(3) De *néphélé*, nuées, et *bainô*, je marche ; je marche à travers les nuées.
(4) Chaplis et hurtis, bruit des armes et harnais se rencontrant.

paroles gelées, et semblaient des dragées perlées de diverses couleurs. Nous y vîmes des mots de gueule, des mots de sinople, des mots d'azur, des mots de sable, des mots dorés (1), lesquels étant quelque peu échauffés entre nos mains, fondaient comme neiges; et nous les entendions réellement; mais nous ne les comprenions, car c'était langage barbare, excepté un assez *grosset*, lequel, ayant été échauffé entre les mains de Jean, fit un son tel que font les châtaignes jetées en la braise, sans être entamées lorsqu'elles s'éclatent, et nous fit tous tressaillir de peur. « C'était, dit Jean, un coup de fauconneaux en son temps.» Panurge requit Pantagruel de lui en donner encore. Pantagruel lui répondit que donner paroles était acte d'amoureux. « Vendez m'en donc, dit Panurge. — C'est acte d'avocats, répondit Pantagruel, vendre des paroles. Je vous vendrais plus tôt le silence et plus chèrement que quelquefois le vendit Démosthènes moyennant son argentangine (2). »

Ce nonobstant, il en jeta sur le tillac trois ou quatre poignées. Et y vit des paroles bien piquantes, des paroles sanglantes, lesquels le pilote nous disait retourner quelquefois au lieu duquel elles étaient proférées, mais c'était la gorge coupée; des paroles horrifiques, et autres assez mal plaisantes à voir.

(1) Termes de blason.
(2) Angine d'argent, maladie d'argent.

CHAPITRE XLVII.

Comment nous fut découvert le pays de Lanternois (1), et comment
nous y entrâmes.

Nous naviguâmes encore trois jours ; au quatrième
nous nous approchâmes de Lanternois. Nous vîmes
en approchant certains petits feux volants : de ma
part je pensais que ce fussent non des lanternes, mais
des poissons, qui de la langue flamboyants, hors de
la mer fissent feu : ou bien lampyrides (2) (vous les
appelez cicindèles) reluisant là comme ils font, au
soir, dans ma patrie, à l'époque où l'orge mûrit. Mais
le pilote nous avertit que c'étaient des lanternes de
guet, lesquelles découvraient le pays autour de la
banlieue, et faisaient escorte à quelques lanternes
étrangères, qui, comme bons cordeliers et jacobins,
allaient là comparaître au chapitre provincial. Nous
craignions que ce fût quelque pronostic de tempête,
mais il nous assura que c'était ainsi qu'il nous l'avait
dit.

Sur l'instant nous entrâmes au port de Lanternois. Là sur une haute tour, Pantagruel reconnut
la lanterne de la Rochelle, laquelle nous fit bonne
clarté. Nous vîmes la lanterne de Pharos de Nau-

(1) Pays des sciences, de la lumière.
(2) Vers luisants.

plion, et l'Acropolis d'Athènes consacrée à Pallas.
Près le port est un petit village habité par les Li-
chnobiens qui sont peuples qui vivent de lanternes.
Démosthènes y avait jadis lanterné. De ce lieu jusqu'au palais nous fûmes conduits par trois obélis-
chlychnies (1), gardes militaires du hâvre (2), à hauts
bonnets comme les Albanais, auxquels nous exposâ-
mes la cause de notre voyage, laquelle était impé-
trer (1) de la reine de Lanternois, une lanterne
pour nous éclairer et conduire pendant le voyage que
nous faisions vers l'oracle de la bouteille. Ce qu'ils
nous promirent de faire : et volontiers : ajoutant que
nous étions arrivés en bonne occasion et opportunité, que nous avions un beau choix de lanternes
lorsqu'elles tenaient leur chapitre provincial. En arrivant au palais royal, nous fûmes, par deux lanternes d'honneur, savoir est : la lanterne d'Aristo-
phane et la lanterne de Cléanthes, présentés à la
reine, à laquelle Panurge expliqua en langage Lanternois la cause de notre voyage. Nous reçûmes
d'elle un bon accueil avec invitation d'assister à son
souper, pour plus facilement choisir celle que nous
prendrions pour guide. Ce qui nous plut grandement
et nous ne négligeâmes pas de noter et de tout bien
examiner. La reine était vêtue de crystallin (4)

(1) Lampe placée sur un obélisque.
(2) Port.
(3) Obtenir, *impetrare*.
(4) Cristal de roche.

vierge par art de *tauchie* et ouvrage *damasquin*, passementé de gros diamants. Les Lanternes du sang étaient vêtues, quelques-unes de strain (1), d'autres de pierres *phengites :* le reste était de corne, de papier, de toile cirée. Les fallots pareillement, selon leur état et antiquité de leurs maisons. Seulement j'en aperçus une de terre comme un pot, au rang des plus *gorgiases :* m'ébahissant de cela, on me dit que c'était la lanterne d'Epictète de laquelle il avait autrefois refusé trois mille dragmes (2). Je considérai aussi la façon et accoutrement insigne de la lanterne polyxyme (3), encore plus de la icosixyme (4) de Canope fille de Tisias. J'y notai très-bien la lanterne pensile (5) jadis prise à Thèbes au temple d'Apollon Palatin. J'en notai une autre insigne, à cause d'un beau floc de soie cramoisine qu'elle avait sur la tête. Il me fut dit que c'était Barthole, lanterne de droit. J'en notai pareillement deux autres, à cause des bourses de Clystère, qu'elles portaient à la ceinture ; il me fut dit que l'une était le grand, et l'autre le petit luminaire des apothicaires. L'heure du souper venue, la reine s'assit au premier lieu, les autres selon leur degré et dignité. Après le souper nous nous retirâmes

(1) Stras, imitation de diamant.

(2) Drachme, monnaie grecque qui était d'argent et pesait la huitième partie d'une once.

(3) A plusieurs mèches.

(4) A vingt mèches.

(5) Suspendue.

pour nous reposer. Le lendemain matin, la reine nous fit donner une lanterne des plus insignes pour nous conduire. Et ainsi nous prîmes congé.

CHAPITRE XLVIII.

Comment nous arrivâmes à l'Oracle de la Bouteille.

Notre noble lanterne nous éclairant, et conduisant en toute joyeuseté, nous arrivâmes à l'île désirée en laquelle était l'oracle de la bouteille. Descendant à terre Panurge fit sur un pied la gambade en l'air gaillardement, et dit à Pantagruel : « Aujourd'hui avons nous ce que nous cherchons avec fatigues et labeurs tant divers. » Puis il se recommanda à notre lanterne qui nous conduisit à travers de longs couloirs, de grandes salles et nous introduisit dans le temple. J'aperçus deux grandes tables d'aimant. En l'une des tables, à droite était gravé en lettres latines antiques, ce vers iambique :

Ducunt volentem fata, nolentem trahunt.

Les destinées mènent celui qui consent, tirent celui qui refuse. En l'autre je vis à gauche, en lettres majuscules ioniques élégantement gravées, cette sentence :

Toutes choses se meuvent en leur fin.

Après avoir lu ces inscriptions je considérais le magnifique temple; et surtout son pavé représentant, en mosaïque, la bataille que Bacchus gagna contre les Indiens. Ledit temple était éclairé par une lampe admirable, tellement grande que, bien que le temple fût souterrain, on y voyait clair comme en plein midi. Au milieu du temple était une fontaine fantastique de l'albâtre le plus pur où nous rencontrâmes Bacbuc. En buvant l'eau de cette fontaine, on sentait le goût du vin que l'on avait imaginé. Nous en fîmes l'essai. — Panurge s'écria : « Par Dieu, c'est du vin de Beaune, le meilleur que j'aie jamais bu, ou je me donne à nonante et seize diables. Oh, pour le plus longuement goûter, qui aurait le cou long de trois coudées ou comme une grue serait bien heureux. — Foi de lanternier, s'écria Jean, c'est du vin de Grave, galant et voltigeant. — Oh, pour Dieu, mon ami, dites-moi la manière comment vous le faites. — A moi, dit Pantagruel, il me semble que ce sont vins de Mirevaux. Car, avant de boire, je l'imaginais. — Buvez, dit Bacbuc, une, deux ou trois fois. De rechef changez d'imagination, vous le trouverez au goût et saveur que vous aurez pensé. Et, dorénavant ne dites que rien soit impossible à Dieu. — *Onques*, répondis-je ne fut dit de nous, nous maintenons qu'il est tout puissant. »

Ces paroles et buvettes achevées, Bacbuc demanda : « Quel est celui de vous qui veut avoir le mot de la dive bouteille. — Moi, dit Panurge, votre humble et petit entonnoir. — Mon ami, répondit-elle, je n'ai qu'une instruction à vous faire, c'est que, venant à l'oracle, ayez le soin de n'écouter le mot que d'une oreille. — C'est, dit Jean, du vin à une oreille. »

Puis elle l'emmena dans une espèce de chapelle ronde au milieu de laquelle était une fontaine d'albâtre, dans laquelle était posée la bouteille, toute revêtue de pur et beau cristallin en forme ovale.

Là, Bacbuc fit agenouiller Panurge et baiser la marge de la fontaine : puis il le fit lever et danser trois ithymbons (1). Cela fait, elle lui commanda de s'asseoir entre deux selles là préparées, le derrière par terre, là, il lui fit chanter une épilinie (2).

La chanson parachevée, Bacbuc jeta je ne sais quoi dans la fontaine, dont l'eau commença soudain de bouillir à force, comme fait la grande marmite de Bourgueil, quand il y a fête à bâtons. Lorsque fut entendu ce mot : *Trincq !* — Elle est, s'écria Panurge, rompue, ou fêlée, afin que je ne mente : ainsi parlent les bouteilles de notre pays quand elles éclatent auprès du feu.

Alors Bacbuc se leva, prit Panurge sous le bras doucettement, lui disant : « Ami, rendez grâce aux cieux, la raison vous y oblige ; vous avez promptement le mot de la dive bouteille. Je dis le mot le plus joyeux, le plus divin, le plus certain, que j'aie

(1) Danse bachique.
(2) Chanson des vendanges.

entendu d'elle, car *trincq* est un mot panomphée (1),
célébré et entendu de toutes les nations, et nous
signifie : Buvez. Vous dites en votre *sac* est *vocable*
commun en toute langue, à bon droit et justement
reçu de toutes les nations. Car comme est l'apologue
d'Ésope, tous les humains naissent un sac au cou, et
mendiants l'un de l'autre. Il n'est sous le ciel un
roi assez puissant pour se passer d'autrui ; il n'est
pauvre tant arrogant qui se puisse passer du riche,
voire fut-ce Hippias le philosophe, qui faisait tout.
Encore moins se passe-t-on de boire qu'on ne fait
de sac. Et maintenons que ce n'est pas le rire, mais
le boire qui est le propre de l'homme. Je ne dis
boire simplement absolument, car c'est ainsi que
boivent les bêtes ; je dis vin bon et frais. Notez, mes
amis, que de vin, divin on devient : et il n'y a argument plus sûr et moins fallace. En vin la vérité est
cachée. La dive bouteille vous y envoie sóyez vous-
même interprète de votre entreprise. — Possible
n'est, dit Pantagruel, mieux dire. *Trincq* donc, que
vous en dit le cœur, élevé par enthousiasme bachique ? — Trinquons, dit Panurge.

Ces mots parachevés, nous reçûmes lettres closes
et scellées, et après actions de grâces immortelles
nous sortîmes de la chapelle diaphane. Nous traver-
sâmes un pays plein de délices, plaisant et gracieux
autant qu'est le pays de Touraine ; enfin nous trouvâmes nos navires en paix.

(1) De toutes les langues.

TABLE.

———⟨✕⟩———

FIN DE LA TABLE.

PARIS

Ad. Lainé & J. Havard

Imprimeurs

rue des S.-Pères,
19.

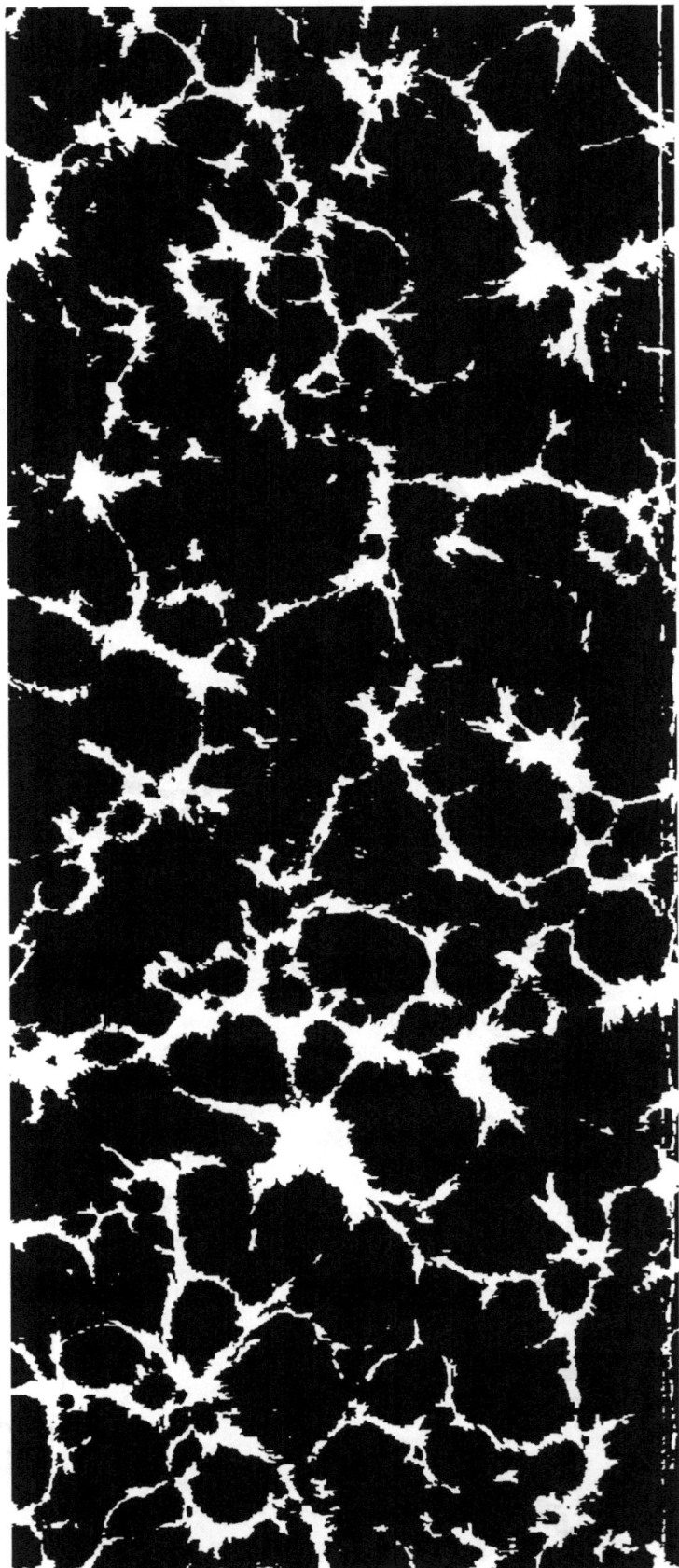

www.ingramcontent.com/pod-product-compliance
Lightning Source LLC
Chambersburg PA
CBHW071946110426
42744CB00030B/525